钣金与喷漆实训教程

主　编　罗　通
副主编　魏德全　孟永帅

北京理工大学出版社
BEIJING INSTITUTE OF TECHNOLOGY PRESS

版权专有　侵权必究

图书在版编目(CIP)数据

钣金与喷漆实训教程 / 罗通主编. —北京：北京理工大学出版社，2021.10 重印
ISBN 978-7-5682-5990-3

Ⅰ.①钣… Ⅱ.①罗… Ⅲ.①汽车-钣金工-教材②汽车-喷漆-教材 Ⅳ.①U472.4

中国版本图书馆 CIP 数据核字(2018)第 171937 号

出版发行 / 北京理工大学出版社有限责任公司
社　　址 / 北京市海淀区中关村南大街 5 号
邮　　编 / 100081
电　　话 / (010)68914775(总编室)
　　　　　 (010)82562903(教材售后服务热线)
　　　　　 (010)68944723(其他图书服务热线)
网　　址 / http://www.bitpress.com.cn
经　　销 / 全国各地新华书店
印　　刷 / 定州市新华印刷有限公司
开　　本 / 787 毫米×1092 毫米　1/16
印　　张 / 11.5　　　　　　　　　　　　　责任编辑 / 陆世立
字　　数 / 210 千字　　　　　　　　　　　 文案编辑 / 陆世立
版　　次 / 2021 年 10 月第 1 版第 2 次印刷　 责任校对 / 周瑞红
定　　价 / 43.00 元　　　　　　　　　　　　责任印制 / 边心超

图书出现印装质量问题，请拨打售后服务热线，本社负责调换

前言

据调查，在现代汽车维修企业的维修项目中，事故车辆钣金喷漆维修比例占 70%~75%。然而，维修企业中有较高技能的钣金及涂装工作的技术人员紧缺，现有的汽车钣金工和涂装工理论知识比较薄弱，亟待培训提高。

随着汽车技术的快速发展，汽车车身结构发生了较大变化，整体式车身得到了广泛应用，同时多种新型材料在汽车车身上也得以广泛采用。因此，对汽车车身维修人员的要求越来越高，不仅要求从业人员掌握基本的汽车钣金喷涂技术，而且还要求从业人员掌握汽车基本结构、材料性能等知识。钣金修理中新材料的使用，如超高强度钢和铝合金等在中高档轿车使用的比例越来越高，对钣金喷涂修理提出的技术和质量要求非常高，要求维修人员具有较全面的维修知识和较高的维修水平。

目前的汽车维修企业中，从事汽车钣金、汽车涂装工作的技术人员，其培养方式大多为师傅带徒弟的形式，相关理论知识与实操技能的系统培训相当缺乏。而多数愿意自学的技术人员又因找不到较为合适的参考资料而难以进行系统性学习。

为此，本书的编纂者根据钣金和喷涂行业的现状，根据当前维修人员的基本情况和素质，结合自身多年的钣金喷漆经验及培训员工的心得，编写了这本适合广大理论基础薄弱人员的教材。本书力求语言通俗易懂，以丰富的插图配合，理论知识按照由浅入深的原则编写，实践性的操作按照操作工艺顺序进行组编，符合钣金喷漆人员的认知习性及实际工作步骤。本书同时也是为汽车钣金工与涂装工的理论和技能培训及自我学习提供参考。

本书配套了多维立体化资源，力求打造成立体教材。立体教材是东北师大理想软件股份有限公司采用增强现实技术研发辅助纸质教材的新型教学工具，是通过 AR 技术与职业教育教学相结合的教学产品。

本书由罗通老师担任主编；魏德全老师、孟永帅老师担任副主编；参与本书编写的还有石上海、完德加、嘎玛顿珠、小次仁顿珠、洛次、钱俊、刘科军；赵志明老师担任本书主审。

本书编写过程中，骏发齐齐哈尔一汽丰田经理杜善喜先生、哈尔滨劲风汽保公司霍自伟先生提供了大量珍贵的资料，在此表示感谢！

由于编者水平有限，书中难免存在不足，望专家及读者批评指正。

编　者

目录

项目一 汽车钣金喷漆基础知识 ... 1
任务一 汽车车身结构 ... 1
任务二 汽车钣金喷漆安全生产及防护 ... 9

项目二 汽车钣金工艺 ... 18
任务一 钣金常用设备、工具及量具 ... 18
任务二 车身损伤评估 ... 30
任务三 车身测量的方法 ... 40
任务四 车身校正 ... 56
任务五 车身板件、附件的拆装与更换 ... 80

项目三 汽车喷漆工艺 ... 110
任务一 喷漆常用设备及工具 ... 110
任务二 喷漆前的准备 ... 127
任务三 喷漆工艺 ... 141

项目一 汽车钣金喷漆基础知识

任务一 汽车车身结构

学习目标

1. 掌握汽车车身结构的分类方法。
2. 了解碰撞对车身结构的影响和评估方法。

理论知识

一、汽车车身分类

轿车通常按车身的承载方式、外形和壳体结构分类。

1. 按车身承载方式分类

汽车车身结构按车身承载方式可分为非承载式车身和承载式车身。

2. 按车身外形分类

轿车车身的外形,主要由座椅位置和数量、车门数量、顶盖变化、发动机和备胎的布置等因素决定。

（1）按车身背部结构分类有：折背式车身、直背式车身、舱背式车身和短背式车身。

（2）按车身厢体结构分类有三厢式轿车和两厢式轿车两种。

（3）按用途及车门数分类有：二门轿车、四门轿车、二门旅行车和四门旅行车等。

3. 按车身壳体结构分类

轿车车身具有安置发动机、装载乘员和行李的作用,实现这些作用的车身壳体可分为开式和闭式两种。

二、非承载式车身结构

如图 1-1-1 所示,这种形式的车身典型特点是车身下面有足够强度和刚度的独立车架，车身通过悬架紧固于车架上，施加于轿车上的力基本上都由车架来承受，但车身壳体不承载或只在很小程度上承受由于底架弯曲或扭曲变形所引起的部分载荷。由于载荷主要由车架承受，所以这种车身的支柱一般较细，风窗玻璃较大。

图1-1-1　非承载式车身结构

非承载式车身具有以下优点：

（1）减振性好。介于车身与轿车行驶系之间的车架，可以较好地吸收或缓和来自路面的冲击，降低噪声和减轻振动，从而提高乘员乘坐舒适性。

（2）工艺简单。底盘和车身可以分开装配，然后总装在一起，可简化装配工艺，便于组织专业化生产线。

（3）易于改型。由于车架作为整车的装配基础，这样就便于轿车上各总成和部件的安装，同时也易于改变车型或改装成其他车辆。

（4）安全性好。发生碰撞事故时，车架可以对车身起到一定的保护作用，从而保护乘员。

非承载式车身的缺点主要有：

（1）质量大。由于车架的质量较大，所以整车的质量较大。

（2）承载面高。由于底盘和车身之间装有车架，使整车高度增加。

（3）成本较高。由于车架的截面较大，必须具备有大型的压、夹具及检验等一系列较昂贵复杂的制造设备。

三、承载式车身结构

承载式车身又称整体式车身，是指在前、后轴之间没有起连接作用的车架，车身是承担全部载荷的刚性壳体，直接承受从地面和动力系统传来的力，如图1-1-2所示。承载式车身十分有利于减轻自身质量，并使车身结构合理化，现代轿车大都采用承载式车身。

图 1-1-2 承载式车身结构

承载式车身虽然没有独立的车架,但由于车身主体与类似于车架功能的车身底板采用组焊等方式制成整体刚性框架,使整个车身(底板、骨架、内外蒙皮、车顶等)都参与承载。这样,分散开来的承载力会分别作用于各个车身结构件上,车身整体刚度和强度同样能够得到保证。

承载式车身的优点有:

(1)质量小、生产性好。它不像制作车架那样非使用厚钢板冲压焊接不可,而是采用容易成形的薄钢板冲压,生产制造比较方便。

(2)适合现代化大批量生产。点焊工艺和多工位自动焊接等自动化生产方式的采用,使车身组合后的整体变形小,生产效率高、质量保障性好、结构紧凑、安全性好。

承载式车身的不足之处有:

(1)底盘部件与车身结合部在轿车运动载荷的冲击下,极易发生疲劳损坏,乘客室也更容易受到来自汽车底盘的振动与噪声的影响。因此,需要有针对性地采取一些减振、消声等技术措施。

(2)事故所导致的整体变形较为复杂,而且车身整体定位参数的变化还会直接影响到轿车的行驶性能。车身维修作业中对整体参数复原时,不仅难度大,而且需使用专用设备和特定的检查与测量手段。

四、碰撞对车身结构的影响和评估

1. 整体式车身的碰撞影响

由薄钢板连接成的车身壳体,在碰撞中,能吸收大部分振动。其中一部分碰撞能量被碰撞区域的部件通过变形吸收掉,另一部分能量会通过车身的刚性结构传递到远离碰撞的区域。在所有碰撞中,超过70%的碰撞发生在轿车的前部。在碰撞力比较小时,由前部的保险杠、保险杠支撑等变形来吸收能量。碰撞剧烈时,前面的纵梁等能很好地吸收能量,如图1-1-3所示。前纵梁作为前部最坚固的部件,不仅有承载前部其他部件和载荷的能力,在碰撞中它还作为主要吸能元件通过变形吸收碰撞能量。

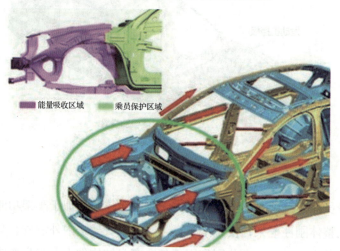

图1-1-3　整体式车身的前部吸能区

2. 车架式车身的碰撞变形

车架式车身由车架及围接在其周围的可分解的部件组成,车身的前部和后部具有上弯的结构,碰撞时会变形,但可保持车架中部结构的完整。图1-1-4中圈出的部位为车架式车身上较柔和的部位,主要用来缓冲碰撞冲击。

车身与车架之间有橡胶垫间隔,橡胶垫能减缓从车架传至车身上的振动效应。遇有强烈振动时,橡胶垫上的螺栓可能会折弯,并导致车架与车身之间出现裂缝。碰撞时由于振动的大小和方向不同,车架可能遭受损伤而车身没有。车架的中部较宽,可以抵挡从侧面的碰撞冲击,来保护乘客的安全。

图1-1-4　车架式车身碰撞变形部位

车身损伤的主要原因是碰撞。碰撞时由于碰撞力的大小和碰撞方位不同,引起的车身损坏情况也不同。车架损坏的形式主要有侧弯、下凹、挤压、错移和扭曲五种类型。

3. 整体式车身碰撞损伤的类型

整体式车身结构的碰撞损伤是按弯曲变形、断裂损伤、增宽变形和扭转变形的顺序进行的。

(1)弯曲变形。在碰撞的瞬间,由于轿车结构具有弹性,使碰撞振动传递到较远距离的大部分区域,从而引起中央结构上横向及垂直方向的弯曲变形。左右弯曲通常通过测量宽度或对角线是否超出配合公差来判别;上下弯曲变形通常通过测量车身部件的高度是否超出配合公差来判别。与车架式车身结构的弯曲变形相似，这一变形可能仅发生在轿车的一侧，如图1-1-5所示。

（2）断裂变形。如图1-1-6所示，在碰撞过程中，碰撞点会产生显著的挤压，碰撞的能量被结构的折曲变形吸收，以保护乘客室。而较远距离的部位则可能会发生皱折、断裂或者松动。断裂变形通常通过测量车身部件长度是否超出配合公差来判别。

图1-1-5　整体式车身的弯曲变形

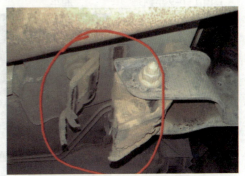
图1-1-6　整体式车身的断裂变形

（3）增宽变形。如图1-1-7所示，增宽变形与车架式车身上的左右弯曲变形相似，可以通过测量车身高度和宽度是否超出配合公差来判别。对于性能良好的整体式车身来说，碰撞力会使侧面结构偏向外侧弯曲，偏离乘客，同时纵梁和车门缝隙也将变形。

（4）扭转变形。如图1-1-8所示，整体式车身的扭转变形与车架式车身相似，可以通过测量其高度和宽度是否超出配合公差进行判别。由于扭转变形是碰撞的最后结果，即使最初的碰撞直接作用在中心点上，但再次的冲击还是能够产生扭转力从而引起轿车结构的扭转变形。

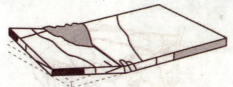
图1-1-7　整体式车身的增宽变形

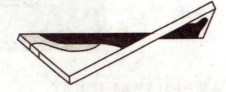
图1-1-8　整体式车身的扭转变形示意图

4. 车身损伤的评估

汽车车身的损伤在大多数情况下，在碰撞部位能够观察出结构损伤的迹象。用肉眼检查后，进行总体估测，从碰撞的位置估计轿车受撞大小及方向，判断碰撞如何扩散并造成损伤。在估测中，先探查轿车上是否有扭转和弯曲变形，再设法确定损伤的位置及各种损伤是否由同一碰撞引起。

车身结构及特征任务工单

车身结构及特征实训	姓　名		班　级	
	日　期		成　绩	

一、汽车结构辨识。

　　1. 图 1-1-9 车辆是_____厢车。

图 1-1-9

　　2. 图 1-1-10 车辆是_____厢车。

图 1-1-10

　　3. 图 1-1-11 车辆的车体结构属于_____车身。

底盘大梁

图 1-1-11

续表

4. 图 1-1-12 车辆的车体结构属于_____车身。

图 1-1-12

5. 图 1-1-13 车辆的车体结构属于_____车身。

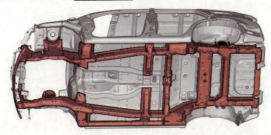

图 1-1-13

6. 填充图 1-1-14。

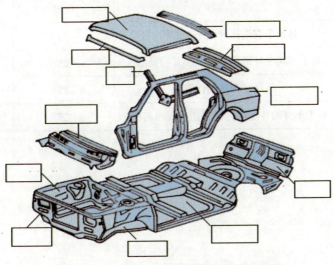

图 1-1-14　承载式轿车车身壳体零件分解图

备选答案：前风窗框上部　　加强撑　　顶盖　　前围外板　　行李厢反板　　底板前纵梁
　　　　　散热器框架　　侧门框部件　　后围板　　底板部件　　后风窗框上部　　强挡泥板

续表

二、为什么轿车多数采用承载式车身？与非承载式车身有什么不同？

三、简述承载式车身在碰撞中的变形规律。

检查评估

序号	考核内容	配分	得分
1	对于车身结构辨识是否准确	25	
2	对于不同车身结构是否找出其特征点	25	
3	题目能否正确作答	25	
4	对于车身的各零部件能够正确说出名称	25	

指导教师签字：_____

任务二 汽车钣金喷漆安全生产及防护

学习目标
1. 掌握钣金工艺的安全防护知识与技能。
2. 掌握喷漆工艺的安全防护知识与技能。

理论知识

一、钣金工艺安全防护

劳动保护是国家及单位为保护劳动者在劳动生产过程中的安全与健康所采取的立法、组织和技术措施的总称。

劳动保护的目的是为劳动者创造安全、卫生、舒适的劳动工作条件，消除和预防劳动生产过程中可能发生的伤亡、职业病和急性职业中毒，保障劳动者以健康的状态参加社会生产，促进劳动生产率的提高，保证社会主义现代化建设顺利进行。

轿车车身维修人员的工作环境中接触噪声、粉尘、弧光辐射等污染的机会较多，在实际工作过程中还要用到拉伸、锤击等动力设备，操作人员受到伤害的概率很高。所以在提高自身防范意识的同时，各种必要的安全防护设施也是必不可少的，正确使用和保养各种安全防护设施也是钣金操作人员必须掌握的。

1. 危害车身钣金维修人员的因素

（1）焊接时的伤害。焊接作业中危害健康的因素有弧光辐射、金属烟尘和有害气体三种。

①弧光辐射（见图1-2-1）。焊接弧光包含红外光、紫外光和强可见光。

图1-2-1 弧光辐射

红外光对人体的危害主要是引起组织热作用,灼伤视网膜和角膜,引发白内障。焊接作业时,人的眼部若受到强烈的红外辐射,会感到强烈的灼伤和灼痛,发生闪光幻觉。

紫外光被眼角膜及皮肤吸收后会产生一种光化学作用,会引发电弧眼、白内障和皮肤癌。电弧眼是指焊接电弧灼伤角膜并使之发炎,刚开始不产生疼痛,但在日光下暴露数小时后会有沙土进入眼睛的感觉,眼睛红肿,症状会持续数天。

强可见光照射眼睛,会使人短暂失明,并且还会灼伤视网膜。

②金属烟尘。焊接操作中的金属烟尘是焊条和母材金属熔融时所产生的金属蒸气在空气中迅速冷凝及氧化所形成非常微小的颗粒物。长期吸入高浓度的焊接烟尘,会使呼吸系统、神经系统等发生多种严重的器质性变化。如图1-2-2所示。

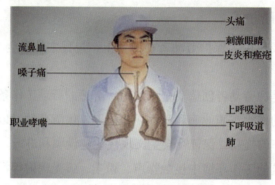

图1-2-2 金属烟尘的危害

a. 焊工尘肺。尘肺是指长期吸入以氧化铁为主的烟尘和有害气体,使肺组织纤维化。

b. 锰中毒。锰中毒是指长期吸入超过准许浓度的锰及其化合物的微粒和蒸气。表现为精神异常、感觉障碍、烦躁、震颤麻痹、血压下降、呼吸困难、昏迷甚至呼吸衰竭。

③焊接电弧导致周围形成了有害气体。如图1-2-3所示,在焊接电弧的高温和强烈紫外光作用下,焊接电弧周围形成许多有害气体,主要有氮氧化物、氟化物、臭氧等。

(a)

(b)

图1-2-3 焊接形成的有害气体

氮氧化物气体主要是对肺有刺激作用。中毒时会造成精神衰弱、上呼吸道黏膜发炎、支气管炎等，甚至引起肺水肿、呼吸困难、虚脱、全身乏力等症状。

氟化氢被呼吸道黏膜迅速吸收，亦可经皮肤吸收而对全身产生中毒作用。人们吸入较高浓度的氟化氢气体，可立即产生眼鼻和呼吸道黏膜的刺激症状，引起鼻腔和咽喉黏膜充血、干燥、鼻腔溃疡等，严重时可发生支气管炎、肺炎等。

（2）噪声伤害。声音的量度单位是分贝（dB）。分贝值在110以上是有害区。人们长期生活在85~90dB的噪声环境中，就会得"噪声病"。

噪声是一类引起人烦躁，或音量过强而危害人体健康的声音。车身维修噪声主要来源于对板件进行整形时的敲打和锤击，一般都在100dB以上。噪声给人带来生理上和心理上的危害主要有以下几方面：

①损害听力。有检测表明，当人连续听摩托车声8h以后听力就会受损；若是在摇滚音乐厅，半小时后人的听力就会受损。

②有害于人的心血管系统。我国对城市噪声与居民健康的调查表明，噪声每上升1dB，高血压发病率就增加3%。

③影响人的神经系统，使人急躁、易怒。

④影响睡眠，造成疲倦。

（3）机械损伤。车身维修人员受到的机械损伤有很多，受损板件的边缘会变得十分锋利，一不小心就会被划伤。在实际工作中要经常操作举升机、电动切割机、车身拉伸机等，如果不注意安全操作，很容易会对操作人员的身体造成伤害。

因此，为了自己和他人的安全，一定要使用安全防护用品，严格按照设备的使用说明进行操作。

2. 劳动者自身的安全防护

个人防护用品指为防止一种或多种有害因素对自身的直接危害所穿用或佩戴的器具的总称。

劳动防护用品的正确使用可以保证操作人员避免生产过程中的直接危害，对操作人员的身体健康及生命安全都起着重要的作用。根据工作性质的不同，操作人员应合理佩戴劳动保护用品，如图1-2-4所示。

（1）身体防护。身体防护主要指穿防护服。防护服分为特殊作业防护服和一般作业防护服两种，防护服应能有效地保护作业人员，不给工作场所、操作对象产生不良影响。

①防护服的种类。根据工作服材料的不同可以分为：

a. 棉布工作服：用天然植物纤维织物，如纯棉白帆布、纯麻白帆布制作，约0.6mm厚。具有隔热、易弹掉飞溅火星及熔融物、耐磨、扯断强度大、透气的特点。

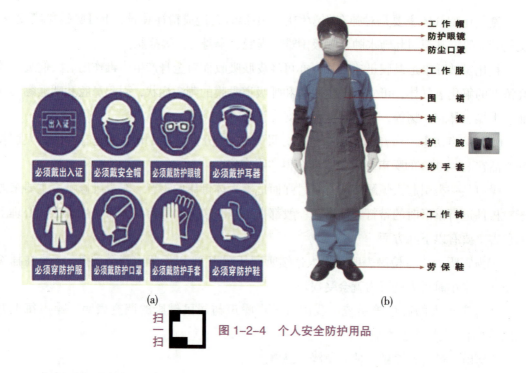

图 1-2-4 个人安全防护用品

　　b. 胶布雨衣：防雨，适用于雨天露天作业。

　　c. 防机械外伤和脏污工作服：这类工作用量大，宜于预防运送材料及使用工具时可能发生的机械伤害，或防止脏物污染。衣服面料要求耐磨及具有一定强度。

　　②钣金操作时防护服的要求。

　　a. 操作人员在车间内应穿着合格的连体工作服，不能穿着宽松的衣服，注意不要有未系扣的衬衫袖子、松垂的领带，以及披着的衬衫。衣物应远离发动机等运动部件，宽松、下垂的衣物都可能被绞入运动部件，造成严重的身体伤害。在工作前应摘除佩戴的饰物。

　　b. 在焊接时，裤长要能盖住鞋头，防止炽热的火花或熔化的金属进入鞋子。下身通常可穿皮质的裤子，带绑腿和护脚来防止熔化的金属烧穿衣物，上身的保护包括焊工夹克或皮围裙。

　　如果化学物品（清洁溶剂、还原剂、稀释剂、油漆清除剂等）溅到衣服上，操作人员应立即脱掉衣物。因为这些化学物品一旦接触皮肤，可能会造成疼痛、发炎、皮疹或者严重的化学烧伤。

　　（2）头部防护。头部防护用品是用于保护劳动者头部，以消除或减缓坠落物、硬质物件的撞击、挤压伤害；防止劳动者头发过长或掉落，对操作施工产生影响。安全帽是生产中广泛使用的个人安全用品。

　　车身维修人员在进行维修操作时要戴上安全帽，防止灰尘或油污的污染，保持头发的清洁。在车下作业或者进行拉伸校正操作时要戴硬质安全帽，防止碰伤头部。头发不要过长，工作时要把头发放入安全帽中。如图1-2-5所示。

（3）眼部、面部防护用品。在进行大部分维修操作时，操作人员都要求佩戴防护眼镜、风镜、面罩、头盔等眼睛和面部的保护装置，用于防止辐射、烟雾、化学物质、金属火花、飞屑和尘粒等伤害眼、面、颈等身体部位，并且能观察外界。图1-2-6为防护眼镜。

图1-2-5　佩戴安全帽

图1-2-6　防护眼镜

二、喷漆工艺安全防护

由于涂装车间存在多种危险、有害因素，也存在多种危险源，涂装车间人员及进入涂装车间者必须学习并遵守涂装车间安全管理规定要求，明确各种危险、有害因素的防范措施，避免安全事故的发生。禁止非设备操作人员操作设备。设备操作人员应严格遵守设备安全操作规程，做好设备日常检查、维护工作；禁止拆除设备安全防护装置及操作设备；禁止在设备运行时进入设备内部进行检修和维护保养。

涂装作业中的安全问题，大多为涂料及溶剂所引起的火灾、爆炸和中毒现象。涂料含有有毒的添加剂、颜料，易燃的溶剂、各种树脂等物质。在施工过程中，这些有毒和易燃的物质会造成对大气、水源及施工环境等污染，使施工人员中毒，并易引起燃烧爆炸危险，因此必须引起足够的重视。

1. 防火安全措施

（1）施工场地必须设置防火设备，如足够数量的灭火器、灭火毯、石棉毡、沙箱及其他灭火工具，如图1-2-7所示。每个工作人员都应会使用防火设备，懂得各种灭火方法。

(a)   (b)   (c)

图 1-2-7　灭火器材

(a) 二氧化碳灭火器；(b) 灭火毯；(c) 消防沙箱

（2）涂装场地严禁烟火，不准携带各种火种进入施工现场。

（3）擦拭涂料用的沾污棉丝、棉布等物品应集中放置，并妥善存放在贮有清水的密封桶中，不要放置在暖气管或烘房附近，以免引起火灾。

（4）施工操作时，应避免铁器之间的敲打、碰撞、冲击、摩擦，以防产生火花而引起火灾。

（5）易燃物品（如涂料、稀释剂等）应存放在贮藏柜内，施工场地不得贮存易燃物品。

（6）清洗工具用后的稀释剂，应集中存放，不得倒入下水道或随意乱倒。

（7）各种电气设备，如照明灯、电动机、电气开关等都应使用防爆型，并应设有专门的配电间，由专人定期检查和维修，防止因漏电和产生电火花而引起火灾。

2. 防毒措施

（1）在施工过程中，涂料所散发出的大量有机溶剂超过允许含量时，吸入人体会对神经系统有刺激和破坏作用，长期吸入挥发性蒸气和接触溶剂，往往会引起慢性中毒，因此车间内必须具有良好的通风、防毒、除尘等设备，力求降低空气中溶剂蒸气，减少有害气体对人体的伤害。

（2）操作人员在涂装时应穿戴好各种防护用品。对于喷涂过程中产生的有害漆雾要佩戴防毒面罩，如图 1-2-8 所示。喷漆中挥发出来的苯类物质会对皮肤有所伤害，会使皮肤过敏及产生皮炎和痤疮等病症，因此对于皮肤的防护要加强，穿戴必要的防护服，如图 1-2-9 所示。

图1-2-8 防毒面罩

图1-2-9 防护服

（3）若操作人员皮肤上沾有涂料时，不要用苯擦洗，要用专用洗手膏、去污粉、肥皂及少量松香水等混合物擦洗，然后用清水冲洗干净。

（4）在打磨含铅颜料的旧漆膜时，容易将粉尘吸入人体引起慢性铅中毒。如沾有粉尘时，操作人员应在工作结束后立即冲洗干净。特别注意在施工含有大量铅的涂料时，不应采用喷涂工艺。

（5）聚氨酯漆中含有游离异氰酸根，氨固化环氧涂料用乙二胺、二乙烯三胺等，均能引起中毒，所以使用时一定要采用预防措施，严禁吸入或与皮肤接触。

（6）操作人员要注意清洁卫生，每次工作结束后及时洗手，每天工作后应洗澡，工作服要勤换洗，经常更换失效口罩。

3. 劳动保护

（1）操作人员应穿戴防护较好的工作服、工作帽、工作鞋和手套，尽量减少身体的裸露部分。工作服应采用抗静电的材料，以防止静电的聚集所造成的静电火花，引起爆炸或火灾，工作服用完后应放在铁皮工具箱中。

（2）在有良好通风的喷漆设备中工作时，操作人员也应戴好口罩。如果是在没有良好通风的喷漆设备中施工时，应戴有通风的供气式防毒面罩。无论在何地工作，操作人员都应戴好防护眼镜。

（3）为防止油漆玷污皮肤后，阻止毛孔的排泄或使漆中有毒物质由毛孔进入体内，造成慢性中毒，操作人员在工作前可涂防护油膏或凡士林。

钣喷安全实训任务工单

钣喷安全实训	姓　　名		班　　级	
	日　　期		成　　绩	

一、填写下列事物名称

1. 名称：_____　　2. 名称：_____　　3. 名称：_____

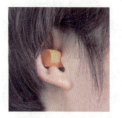  

4. 名称：_____　　5. 名称：_____　　6. 名称：_____

7. 名称：_____　　8. 名称：_____　　9. 名称：_____

10. 名称：_____　　11. 名称：_____　　12. 名称：_____

续表

二、安全知识问答
1. 电焊中的金属烟尘会对人体产生哪些危害？

2. 噪声给人的生理和心理带来哪些影响？

3. 在喷漆车间施工过程中，喷漆工作人员应该如何进行自我保护？

4. 钣喷施工人员应该如何注意安全防火？

5. 钣喷施工人员的自身安全措施有哪些？

三、思考并解答
甲、乙两位喷漆师傅在讨论喷漆产生的漆雾的毒害问题。甲说："现在都是水性漆，环保涂料、喷涂中产生的漆雾根本对人体的皮肤没有毒害，不用穿防护服装。"乙说："现在的汽车油漆，多为金属漆，为了使漆料更容易附着，稀释剂采用速干的材料，所产生的漆雾对皮肤会有一定的伤害。"请你根据所学，谈一谈哪位师傅说得对？为什么？

四、能力测试
设想一下，你所在的施工车间，突然出现工友手臂被金属锋利的边角划伤的情况，流血不止，你应该怎么办？请你编写一个可以挽救工友生命的救援方案。

	检查评估		
序号	考核内容	配分	得分
1	安全防护用具指认是否准确	25	
2	安全防护用具是否正确使用	25	
3	题目能否正确作答	25	
4	能否正确说出各安全防护用具的功能	25	

指导教师签字：_____

项目二 汽车钣金工艺

任务一 钣金常用设备、工具及量具

学习目标

1. 掌握汽车钣金工具的种类和使用方法。
2. 掌握焊接设备的使用方法和技巧。

理论知识

动力工具和设备利用了电力、压缩空气或液压动力，钻头、砂轮机、切割工具、诊断仪、空气压缩机、喷枪、车架矫正设备、车轮定位仪，以及一些测量系统都利用这些动力来完成工作。

一、电动和风动工具

1. 冲击扳手

冲击扳手（见图2-1-1）是一种便携手提式双向气动工具，用于快速转动螺栓和螺母。

(a) (b)

图2-1-1 冲击扳手

(a)1/2 in 冲击扳手适用于大螺栓；(b)3/8 in 冲击扳手适用于较小的螺栓和螺母

在使用冲击扳手时，需要配用冲击套筒和冲击转接头。

2. 气动棘轮

气动棘轮与手动棘轮相似，能在难以触及的位置进行作业。对于一些手动扳手或动力扳手无法够到的地方，棘轮扳手的 3/8 in 弯曲驱动头却可以深进入进行拧送或拧紧。对于板件后面的紧固件，因为空间狭小，使用气动棘轮非常方便。如图 2-1-2 所示。

3. 气动锤

气动锤利用来回锤动的动作将刀具或推进器锤进工件中，其工作过程与传统的锤子、錾子或冲子很相似，只不过更快一些。可以将不同形状的工具安装到气动锤上。在切割时，平面刀具、叉形和弯曲刀具都很有用。如图 2-1-3 所示。

图 2-1-2　气动棘轮

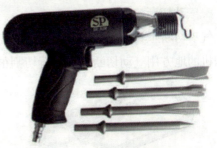

图 2-1-3　气动锤

4. 钻床

钻床主要用于在金属件和塑料件上打出尺寸精确的孔，有空气钻和电钻两种。

空气钻是利用车间里的气压源带动钻头旋转。空气钻的转速可以任意调整，比电钻使用得更广泛。

将不同尺寸的钻头装到钻床的卡盘中，就可以在零件上钻出不同大小的孔。钻头的尺寸通常印在钻头的上部或钻杆上。图 2-1-4 为空气钻。

5. 孔锯

孔锯是一种专用锯，用来在车身板件上做出大孔。它们可以向钻头那样装到钻床上。如图 2-1-5 所示。

图 2-1-4　空气钻

图 2-1-5　孔锯

6. 点焊钻

点焊钻是专门用来拆卸点焊连接车身板件的工具，如图 2-1-6 所示。它有一个夹子型的头和一个杠杆臂，能够精确地钻穿焊点。在切除焊点过程中，钻头不会偏离焊点的中心。点焊钻的钻头上装有一个特殊的架子，以便于调整钻孔的深度，有利于拆卸点焊连接的车身板件。

7. 气动切锯机

气动切锯机的作用类似铁皮剪，用来切割金属板。它有一个气动剪刀，通过剪刀的上下运动将金属板切割成直线或曲线形状。

8. 气动切断工具

气动切断工具如图 2-1-7 所示，它是用一个小砂轮快速切割或打磨金属。在无法使用切锯机的地方用气动切断工具进行切割很方便。

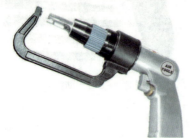

图 2-1-6　点焊钻

图 2-1-7　气动切断工具

9. 气动锯

气动锯用往复（前后）动作移动弓锯型锯条，对零件进行切割。其工作过程与弓锯相似，但切割速度要快得多，见图 2-1-8。

图 2-1-8　气动锯

10. 砂光机

（1）气动砂光机。通过研磨使车身表面光洁成形，砂光机的打磨垫上可以安装不同粒度的砂纸，粗砂纸去除材料较快，细砂纸能产生较光洁的表面。气动砂光机是车身维修中最常用到的气动工具之一,如图2-1-9所示。

(2)摆动砂光机,如图2-1-10所示。摆动砂光机的打磨垫围绕一根偏心轴转动,偏心轴上还装有一个平滑块。这种砂光机的打磨效果非常光滑,而且比其他砂光机更快一些,所以被广泛应用。

图2-1-9 气动砂光机

图2-1-10 摆动砂光机

11. 磨机

磨机(见图2-1-11)用于快速去除材料,通常用来快速去除车身板件上的老油漆或铁锈。在金属完成焊接之后,通常用磨机将连接部位磨光。磨机还用来清除油漆和底漆。

图2-1-11 磨机

在车身维修和喷漆车间中,最常用的便携式气动磨机是圆盘式磨机,其工作原理与单向盘式砂光机相似。操作人员在使用气动磨机时要十分小心,它能够快速地将车身板件削薄甚至削穿,从而造成严重的问题。

12. 抛光机

气动抛光机通过转动柔软的抛光垫将漆面抛光。抛光垫上要涂抹一些抛光膏或研磨剂,这样就可以修复漆面上的小瑕疵,增加漆面光泽亮度。

抛光垫是一个棉质、人造织物或泡沫塑料垫,装在抛光机背板或转轴上。气动抛光机如图2-1-12所示。

13. 喷丸机

喷丸机是一种气动工具，通过向漆面喷洒砂粒、塑料丸或其他材料去除油漆。例如，在去除车身板件上的锈迹、开裂或老化的油漆时，使用这种设备会非常方便。

对于目前常见的薄钢板、高强度车身，通常建议使用塑料喷丸的方式去除油漆，而不建议使用打磨方式。打磨会将金属板磨薄，从而使车身强度降低。

手动喷丸机（见图2-1-13）是一种便携式小工具，用来对车身零件和板件进行喷丸作业。喷丸机的料杯或料筒内装有研磨剂，气流通过喷丸机时将一定量的研磨剂带出，喷在工件表面上。这样可以快速清除油漆、底涂、锈迹和氧化层，露出裸金属表面。

图2-1-12　气动抛光机

图2-1-13　手动喷丸机

二、常用量具

对车身整体变形的测量，是依靠测量工具采集相关的技术数据，判定车身构件与基准之间的相对位置，并且以实际测得的状态参数为依据，进行数据的分析、比较，找出相对位置的变化规律，从而判明车身变形的具体状况。

常用的汽车车身测量工具有钢卷尺、杆规等。

1. 钢卷尺

如图2-1-14所示。钢卷尺的使用方法简便易行，但测量精度低、误差大，仅适用于要求不高的场合。量点之间不在同一平面或其间有障碍时，就很难用钢卷尺测量两点间的直线距离。

图2-1-14　钢卷尺

2. 轨道式量规（杆规）

轨道式杆规可以根据不同位置，将量脚探入测量点，其应用起来非常方便、灵活。如图 2-1-15 所示。

图 2-1-15　轨道式量规

3. 游标卡尺

游标卡尺是一种测量长度、内外径、深度的量具。游标卡尺由主尺和附在主尺上能滑动的游标两部分构成。主尺一般以毫米为单位。如图 2-1-16 所示。

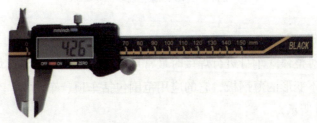

图 2-1-16　游标卡尺

4. 螺旋测微仪

螺旋测微仪又称千分尺、螺旋测微器、分厘卡，它是比游标卡尺更精密的测量长度的工具，用它测长度可以准确到 0.01mm，测量范围为几个厘米。如图 2-1-17 所示。

图 2-1-17　螺旋测微仪

三、焊接设备

1. 惰性气体保护焊机

惰性气体保护焊机主要用于焊接高强度、低合金钢车身，以及焊接铸铝件，如破裂的变速器、气缸和进气管等。如图 2-1-18 所示。

图 2-1-18　惰性气体保护焊机

2. 电阻点焊机

电阻点焊是对整体式车身进行焊接时最常用的一种方式。电阻点焊机适用于车身上要求焊接强度高、不变形的薄钢板，它的应用范围包括车顶、车门窗、车门槛板以及外部部件。如图 2-1-19 所示。

图 2-1-19　电阻点焊机

3. 氧—乙炔焊机

氧—乙炔焊是熔焊的一种形式。乙炔和氧气混合后，在喷嘴处点燃后作为一种高温热源（大约为 3 000 ℃），将焊条和母材金属熔化并接合在一起。由于难以将热量集中在某一个部位，热量将会影响周围的区域而降低钢板的强度。因此汽车制造厂都不建议使用氧—乙炔焊机来修理损坏的汽车。氧—乙炔焊机在修理厂还可用于修理损坏的汽车车身、进行热收缩、硬钎焊和软钎焊、表面清洁和切割非结构性的零部件。如图 2-1-20 所示。

项目二　汽车钣金工艺

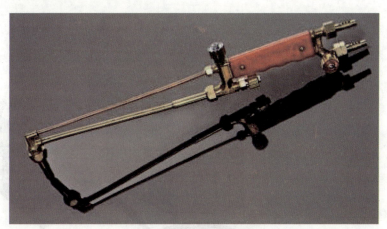

图 2-1-20　氧—乙炔焊机

4. 钎焊机

钎焊只能用在密封结构处。钎焊在焊接过程中只熔化有色金属，而不熔化母材，一般在汽车车身上进行钎焊（一般指硬钎焊，用黄铜或镍）。钎焊类似于两个物体粘在一起，熔化的黄铜充分扩散到两层母材之间，形成牢固的熔合区，焊接处抵抗碰撞的抗弯强度小于母材的抗弯强度。维修中需要注意的是，只能对制造厂已进行过钎焊的部位进行钎焊，其他地方不可钎焊。如图 2-1-21 所示。

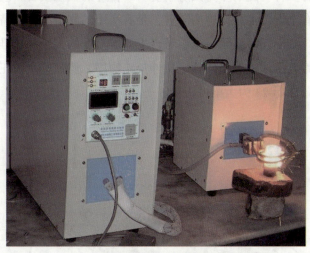

图 2-1-21　钎焊机

5. 铝焊机

随着汽车新材料的使用，许多汽车上的各种板是用铝制造的，与钢相比，铝板的修理难度更大。铝比钢柔软，当铝受到加工硬化之后，更难加工成型，铝被加热容易变形。铝质车身及车构件的厚度通常是钢件的 1.5~2.0 倍。铝焊机如图 2-1-22 所示。

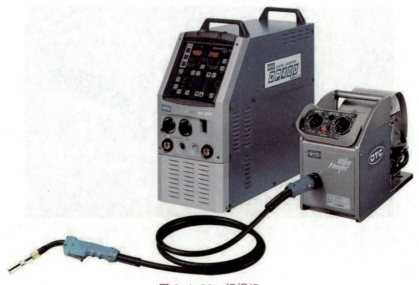

图 2-1-22　铝焊机

四、车身维修设备

1. 车身及大梁校正设备

校正设备是具有多种功能的车身固定系统。一台好的校正设备，应该具有多种形状的钣金拉伸工具，具有全方位的拉伸施力装置，带有实用的测量系统。特别是对整体式车身的修复，其测量系统必须同时显示每个参考点上非准直度的大小和非准直度的方向。只有用这样的设备，维修人员才能够精确确定拉伸校正顺序，监控整个校正过程，并确定每个拉力的作用效果。图 2-1-23 为大梁校正仪。

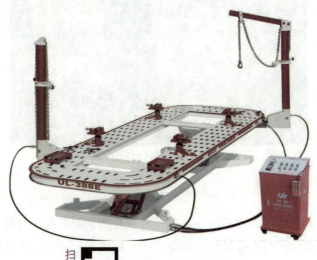

扫一扫　图 2-1-23　大梁校正仪

2. 钣金地八卦

钣金地八卦（见图2-1-24）是一种简易的车身校正仪器。它占地少，使用方便，灵活快捷，能达到车身校正的目的。它因价格低廉，较大梁校正仪便宜，成为中小钣金维修企业的优选。

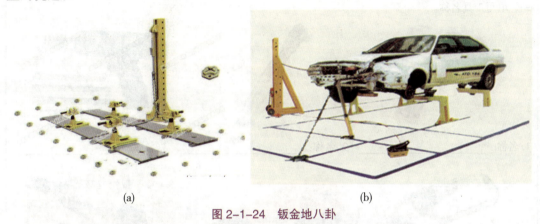

(a)　　　　　　　　　　　(b)

图2-1-24　钣金地八卦

基础理论知识任务工单

钣喷工具认识与使用	姓　名		班　级	
	日　期		成　绩	

一、填写工具名称。

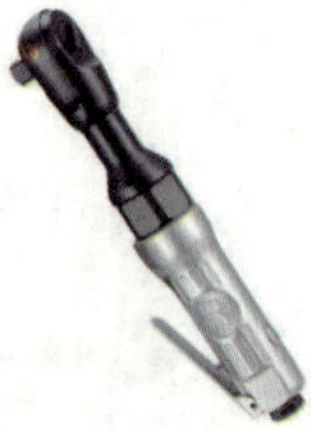

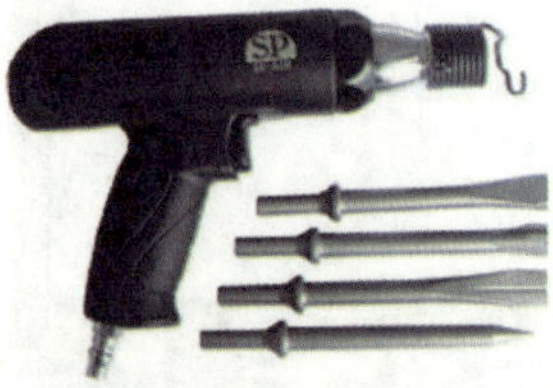

1. 名称：_____
2. 名称：_____
3. 名称：_____
4. 名称：_____   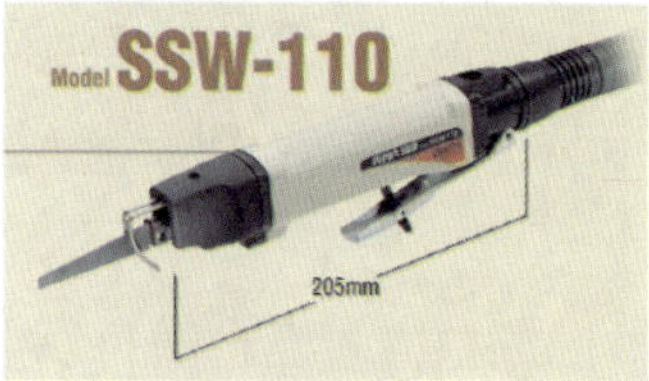
5. 名称：_____
6. 名称：_____
7. 名称：_____   
8. 名称：_____
9. 名称：_____
10. 名称：_____ 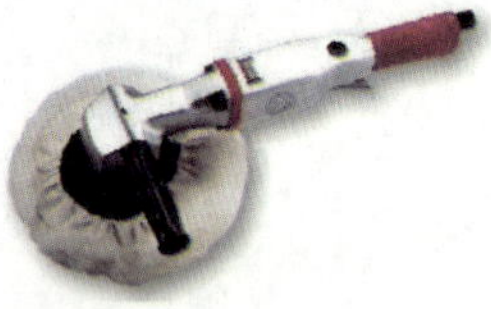  
11. 名称：_____
12. 名称：_____
13. 名称：_____  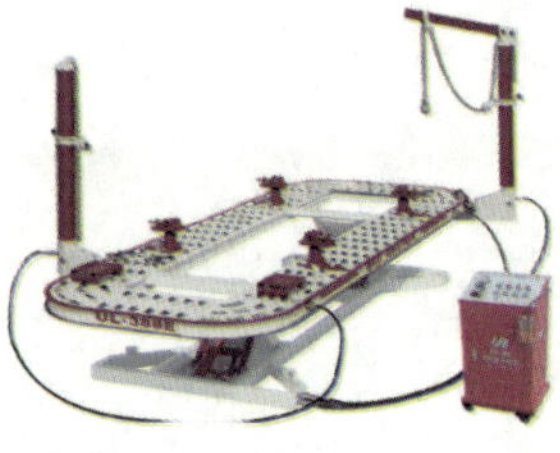 
14. 名称：_____
15. 名称：_____

续表

二、根据工具的使用方法判断对错。
    1. 钎焊在焊接过程中不但熔化有色金属，也熔化母材。（　　）
    2. 氧-乙炔焊将焊条和母材金属熔化并接合在一起。因此汽车制造厂建议使用氧-乙炔焊机来修理损坏的汽车。（　　）
    3. 螺旋测微仪测长度可以准确到0.01mm，测量范围为几个厘米。（　　）
    4. 喷丸机是一种气动工具，通过向漆面喷洒砂粒、塑料丸或其他材料去除污垢。（　　）
    5. 气动砂光机通过研磨使车身表面光洁成形，砂光机的打磨垫上可以安装不同粒度的砂纸。（　　）
    6. 孔锯可以用来在车身板件上做出大孔。但它不可以向钻头那样装到钻床上。（　　）
    7. 对于板件后面的紧固件，由于其空间狭小，使用气动棘轮就显得非常方便。（　　）
    8. 吹气枪用来吹去车辆及其零部件上的灰尘和脏物。它常用来清理内饰件、保险杠和其他封闭区域的杂质。（　　）
    9. 冲击扳手用于快速转动螺栓和螺母。在使用时，可以配用各种套筒和转接头。（　　）
    10. 磨块一般具有平坦的表面，或根据工件的形状制成特别的形状。胶制磨块则用于打磨低洼位置的油漆表面。（　　）

三、选择一种钣喷工具实际操作后，写出其操作步骤及注意事项。

检查评估		
序号	考核内容	配分	得分
1	工具指认是否准确	25	
2	工具能否正确使用	25	
3	题目能否正确作答	25	
4	能否正确说出各工具的功能	25	

指导教师签字：＿＿＿＿＿＿

任务二　车身损伤评估

学习目标

1. 了解汽车车身损伤的判别范围。
2. 掌握车身结构变形的检查方法。

理论知识

一、车身损伤的判别内容

车身损伤的判别是车身修理作业的第一步，也是非常重要的一步。对车身损伤状况做细致检查与精确测量，是确定最佳修理方法和工作步骤的基础。如果最初的方法和工作步骤选择正确，不但可以使损伤部位巧妙地复原，也可以使整个作业时间大为缩短。

车身损伤的判别包括确定损伤范围、损伤程度、损伤类型，以及车身结构是否有整体变形等几个方面。

二、损伤范围的确定

首先应了解轿车整个碰撞过程，如碰撞部位、碰撞方向、碰撞时车速、碰撞的物体及碰撞次数等，这些对车身损伤的判别非常有意义。汽车正面碰撞的受力情况如图2-2-1所示。

图2-2-1　汽车正面撞击后的受力情况

确定损伤范围时，应先找到最初遭受冲击的地方（也就是最初的损伤部位），可通过油漆的剥落程度及钣金的伤痕来判定。然后沿着冲击力传播的方向系统地检查各部件的损伤，包括车身附件以及车身以外的其他总成和部件，如车轮、悬架、发动机等。

检查时要着重注意车身结构中一些应力集中区域，如图2-2-2所示，这些部位是在车身设计中特别设置的。在碰撞冲击力的作用下，它们会按预先设定的方式变形，吸收冲击能量，保持车厢的形状，保护车内乘员的安全（被动安全）。

最后确定出车身上所有损伤的部件以及它们之间的连接和装配关系。

图 2-2-2　碰撞后应力集中部位的变形

三、车身构件损伤程度和类型的确定

确定出车身上所有损伤部件后，应对损坏部位进行分析，以确定损伤程度和类型。车身构件的直观损坏靠目测就可查看清楚，它可分为直接损伤和间接损伤两种类型。同时还应注意损伤部位的加工硬化。

1. 直接损伤

直接损伤是由碰撞物体与车身钢板受损部位直接接触造成的。它通常以擦伤、划痕或断裂的形式出现。在所有损伤中，直接损伤通常只占一小部分，但在修理时却需要花费很多时间。

2. 间接损伤

间接损伤是由直接损伤引起的，其主要有折损、挤缩等形式。

大多数碰撞都会同时造成直接损伤和间接损伤，如图 2-2-3 所示。并且大部分都是间接损伤。各种构件所形成的间接损伤没有什么本质区别，所以大多数车身可采用一些基本的方法来修理，只是由于受损部位的尺寸、硬度和位置的不同，所用的修理工具有所不同。

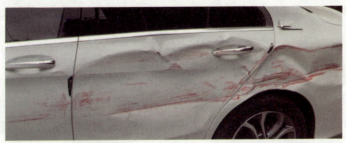

图 2-2-3　直接损伤和间接损伤

3. 加工硬化

只要将金属板塑性变形，就会产生加工硬化。当车身钢板在制造厂加工成形时，以及当它受到损坏变形时，都会产生加工硬化。

如图 2-2-4 所示，如果此钢板受力稍微弯曲（弹性变形），外力消失后钢板可恢复到原来的形状。但如果外力较大，使弯曲超过了弹性极限，则钢板将产生折损（塑性变形）。在折损部位会出现加工硬化现象，且部位硬度较高。在对此折曲损伤进行修复时，应使折曲部位再次通过塑性变形，才能把钢板修复平整。如果操作不当，不但原先的折曲没有平整，还会在原有折曲部位的旁边出现两处新的折损。

轿车上的钢板构件在受到碰撞时，所发生的变形不完全是折损，有些部位只是弯曲状的弹性变形，如图 2-2-5 所示。折损部位会加重加工硬化的程度，本身又是塑性变形，所以这些部位才是首先需要修整的，并且是修复作业中主要的修整对象。对于弯曲状弹性变形部位，当约束力消除后，钢板能够基本恢复到原来的形状。也就是说，当把一块钣金件上所有的折损变形修复后，其他弹性变形部位会自动恢复。

在钣金修理作业中，应充分利用这一特点，以使整个修复作业既快速，效果又好。所以在个体修复损伤前了解这些部位，对于确定正确的修理起着非常重要的作用。

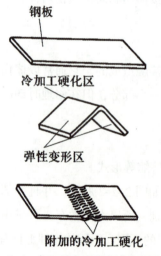

图 2-2-4　加工硬化对钢板修复的影响

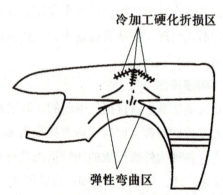

图 2-2-5　典型碰撞变形中的加工硬化区和弹性区

四、车身结构整体变形的检查

在大多数情况下，在碰撞部位能够观察出结构损伤的迹象。用肉眼检查后，进行总体估测，从碰撞的位置估计轿车受撞大小及方向，判断碰撞如何扩散并造成损伤。在估测中，先探查轿车上是否有扭转和弯曲变形，再设法确定出损伤的位置及各种损伤是否由同一碰撞引起。

1. 车身上容易识别的损伤变形部位

在碰撞中碰撞力穿过车身刚性大的部件传递，如车身前立柱（A柱）、车顶纵梁、地板纵梁等箱形截面梁，最终传递深入至车身部件内并损坏薄弱部件。因此，要找出轿车损伤，必须沿着碰撞力扩散的路径，按顺序一处一处地进行检查，确认出变形情况。检查中尤其要仔细观察板件连接点有没有错位断裂，加固材料（如加固件、盖板、加强筋、连接板）上有没有裂缝，各板件的连接焊点有没有变形，油漆层、内涂层及保护层有没有裂缝和剥落，以及零件的棱角和边缘有没有异样等，如图 2-2-6 所示。这样，损伤部位就容易识别出来。

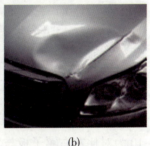

(a)　　　　　　　(b)

图 2-2-6　车身上容易识别损伤的部位

（1）板件的连接部位。加固材料（如加固件、盖板、加强筋、连接板）上的缝隙，各板件的连接焊点等部位在碰撞中容易发生变形，如图 2-2-7 所示。

图 2-2-7　车身容易发生的变形部位

（2）零件的棱角和边缘。车架部件（如侧边构件）的损伤程度，可以从其凹面上严重的凹痕或扭结形式来判断，而不是以部件凹面的另一面出现弧曲变形来确定。

此外，还有一点要特别注意的是，同样的碰撞力，若碰撞点部件刚性不同，碰撞后的损伤情况也不一样。当碰撞点部件的刚性较小时，碰撞点附近的损伤迹象比较显著，当能量通过附近的结构逐渐消散时，其损伤迹象很小。反之，有时碰撞点上的损伤迹象虽然很小，而能量却穿过碰撞点并传递至车身内部很深的部位，即产生"内伤"，如图2-2-8所示。

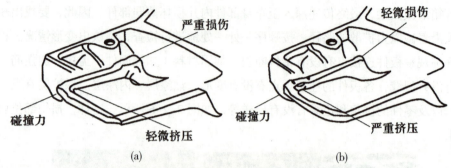

图2-2-8　同样碰撞可能引起不同损伤

2. 检查车身部件的间隙和配合

如图2-2-9所示，在车身上的车门、翼子板、发动机罩、行李厢盖、车灯之间的配合间隙都有一定的尺寸要求，通过观察和测量它们之间间隙的变化可以判定发生了哪些变形。图2-2-10为对比左右翼子板与发动机罩的间隙情况。车门是以铰链装在车身立柱上的，这就可通过简单地开关车门及观察门的准直来确定车身立柱是否受到损伤，如图2-2-11所示，通过测量和对比车门间隙来确定车门的损伤变形情况。

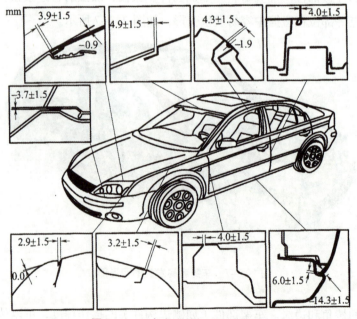

图2-2-9　车身上的标准配合间隙

图 2-2-10　对比左右翼子板与发动机罩间隙

(a)

(b)

图 2-2-11　对比左右车门配合间隙

在前部碰撞事故中，了解损伤最重要的是检查后车门与后顶侧板之间的间隙及水平差异；相对较好的方法是比较轿车发动机罩与翼子板左侧及右侧的间隙。

3. 检查轿车惯性损伤

当轿车受到碰撞时，一些质量大的部件（如发动机）的惯性会转化成巨大的作用力，使其向相反方向移动而发生冲击，产生损伤，这就需对固定件、周围部件及钢板进行检查。对于车架式车身，车身安装在橡胶隔离垫上以减小其惯性，但是剧烈的碰撞也会引起车身和车架的错位，破坏车身上的隔离件。

此外，乘客在碰撞中由于惯性的原因，仪表盘、转向盘、转向支柱和座位靠背将受到损伤。行李厢中的行李也可能引起行李厢地板、行李厢盖和后顶侧板损伤。

车身碰撞损伤分析任务工单

车身碰撞损伤分析	姓　名		班　级	
	日　期		成　绩	
任务目的	\multicolumn{4}{l}{1. 掌握整体式车身碰撞力的传递路径； 2. 掌握整体式车身损伤评估方法； 3. 根据不同的车身碰撞损伤制定合理的维修工艺。}
情景设置及要求	\multicolumn{4}{l}{一辆丰田卡罗拉轿车左前部严重受损。首先要进行受力分析和损坏程度鉴定，然后根据测量和损坏分析的结果来制定精确的碰撞修理程序，最后按照拟定好的程序完成车身修理。}

一、任务准备

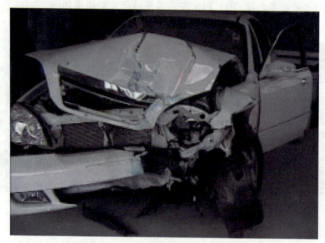

图 2-2-12　受损的丰田卡罗拉车辆

以图 2-2-12 为例，进行相关知识讲解。
1. 目测确定碰撞点（见图 2-2-13）

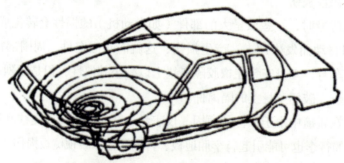

图 2-2-13　用圆锥图形法确定碰撞对整体承载式车身的影响

续表

2. 确定碰撞力的大小和方向（见图2-2-14）

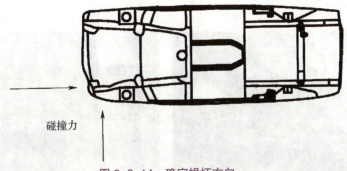

碰撞力

图 2-2-14　确定损坏方向

图 2-2-15　碰撞力在车身上的传递

3. 确定损伤程度（见图2-2-16）

图 2-2-16

续表

4. 检查损伤

（1）目视检查（见图 2-2-17）

图 2-2-17

（2）工具检查（见图 2-2-18）

图 2-2-18 用游标卡尺检查门缝间隙

（3）对比检查

5. 制定维修方案

（1）维修方案制定原则

在进行维修方案确定时，要遵循两个基本原则：经济效益原则和维修质量原则。在车身修复过程中，首先要依据降低成本提高经济效益原则。但也不能全盘以效益为原则，在追求经济效率原则的同时，还要以维修质量原则为前提。兼顾两方面的原则，综合考虑各方面的影响因素。例如，当进行左前门框局部拉伸时如何确保车顶、右后门框等周边部位不受影响。在对车身底部、车梁等部位进行焊接时，如何保证金属内部结构不发生较大变化，热应力不过度扩散。还有维修人员常常遇到的维修设备或工具由于空间影响无法正常对损伤部位进行修复。

（2）制定维修方案（见图 2-2-19）

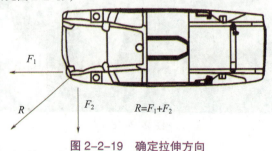

图 2-2-19 确定拉伸方向

续表

二、学生实训能力的检验
教师根据实际情况,在丰田卡罗拉整体承载式车身上假定一处碰撞,由学生对碰撞损伤情况进行分析,并制定出合理的维修工艺。

三、能力测试
1. 车身损伤的判别内容是什么?

2. 如何确定车身构件损伤程度及类型?

3. 如何检查车身各部件的间隙和配合间隙?

4. 汽车在碰撞过程中出现的加工硬化现象会对钣金维修带来哪些影响?

		检查评估	
序号	考核内容	配分	得分
1	工装是否符合标准	25	
2	车身碰撞力的传递路径分析是否准确	25	
3	损伤程度是否判断准确	25	
4	能否制定出维修方案	25	

指导教师签字:＿＿＿＿＿＿

任务三　车身测量的方法

学习目标
1. 掌握车身损伤的测量方法。
2. 掌握测距法测量车身的技巧。

理论知识

车身维修中对变形的测量，主要表现为尺寸数值与形状上的对比，就是对车身及其构件的形状与位置误差的检测。选择测量基准是形状与位置公差中十分重要的内容。

一、车身测量的基本要素

正确的车身检测与测量是车身维修的基础，而掌握车身测量的点、线、面三个要素，是高质量完成车身测量任务的关键。

1. 控制点原则

车身测量的控制点用于检测车身损伤与变形的程度。车身设计与制造中设有多个控制点，检测时可据技术要求测量车身上各个控制点之间的尺寸。如果误差超过规定的极限尺寸，应设法修复使之达到技术标准规定范围。

车身上的控制点并非无据可循。承载式车身的控制点如图 2-3-1 所示。

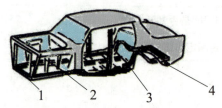

图 2-3-1　车身控制点的基本位置
1—前保险杠支承点；2—前横梁支承点；3—中间车身支承点；4—后车身横梁支承点

车身进行整体矫正时，可根据上述控制点的分布将车身分为前、中、后三部分，主要基于车身壳体的刚度等级和区别损伤程度，分析不同控制点及其在车身测量基准中的作用和意义。

对控制点的测量就是对关键参数检查与控制，并且这些参数又是有据可查的。一些车身测量设备就是根据控制点研制而成的，是车身维修中比较实用和流行的测量原则。

2. 基准面原则

进行车身设计时往往是先选定一根基准线，将该基准线沿水平移到同一水平平面，由车身上各个对称平行点所形成的线或面与之平行。车身图样上所标注的沿高度方向上的尺寸，为车身各部分与基准平面间的距离。既然车身设计与制造是以该平面为高度基准的，车身测量与维修同样需要这些高度要求来控制其误差的大小。

在实际测量中，应根据上述基准面原则调整车身沿水平方向的高度，由此确定车身高度测量基准。如果遇到实际测量部位不便于直接使用量具时，可以根据数据传递方法将基准面上移或下移，这样不仅有利于测量仪器使用，而且也可以获得更加精确的测量结果。

3. 中心线及中心面原则

中心线及其沿垂直方向平移获得的中心面，实际上是一个假想的具有空间概念的直线和平面，该平面将车身沿长度方向截为对称的两半。车身的各个点通常是沿这一平面对称分布的，因此所有宽度方向的尺寸参数及测量，都是以该中心线或中心面为基准的。

修复车身所发生的变形或损伤时，应在纵向、横向两个截面上反复调整、校对相对于标准的形状与位置误差参数，使车身表面各关键点（空间坐标）符合技术规定。更换车身覆盖件时，对互换性、形状与位置公差和装配准确度亦有着较高的技术要求。这些都很难单纯地依靠技术、工艺标准来实现对车身维修质量的控制与判定。

由于绝大多数车身都是对称设计的，要注意非对称部位及其测量要求。选择带有补偿调节装置的定中规，测量时先消除因非对称零件而造成的数据差别，不便于消除非对称部位的数据差的，也可采取措施避免因此造成测量上的麻烦。

二、用参数法测量车身

参数法以车身图样或技术文件中的规定来体现基准目标。汽车车身尺寸图中，一般都注明了车身上特定的测量点，以此为基准对车身的定位尺寸进行测量，可以准确地评估变形及其损伤的程度，是比较可靠也较为流行的方法。

由图 2-3-2 和图 2-3-3 可以看出，无论是承载式车身还是非承载式车身的车架，其定位基准和测量参数存在着密切的关联性（见表 2-3-1）。这种数据链关系一方面说明车身定位参数的变化"牵一发而动全身"，在一定程度上增加了矫正与测量的复杂性；另一方面说明，较为严重的机械损伤，可以利用目标参数来实现对车身、车架的矫正与修复。按车身定位尺寸图体现的基准目标，既可以满足设计要求，又可以保证测量结果的可靠性、重现性。

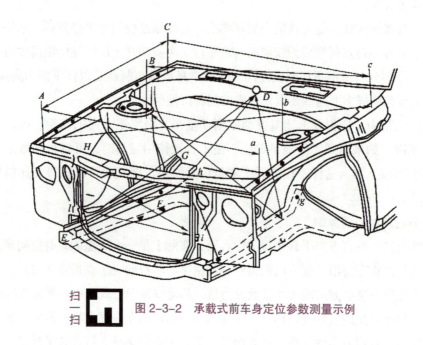

图 2-3-2 承载式前车身定位参数测量示例

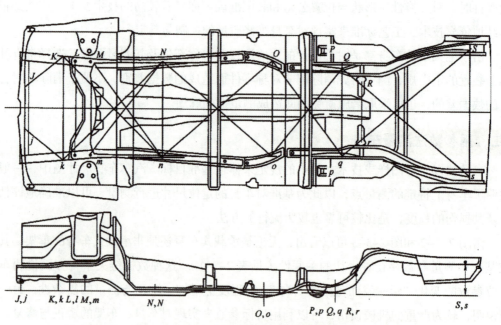

图 2-3-3 旅行客车车架的定位参数测量示例

表 2-3-1 车身的定位参数及数据　　　　　　　　　　　　　　　　　　　　　　单位：mm

测定方向	前车身测定部位	参数示例	测定方向	车架测定部位	参数示例
发动机室长度方向上的测量	A—C	901	车架长度方向上的测量	M—N；m—n	582
		901		N—O；n—o	891
	B—C	454		O—Q；o—q	585
	B—c	454		Q—S；q—s	1 082
发动机室高度方向上的测量	A—a	1 256	车架高度方向上的测量点与基准水平线的高度差	J，j	66
	B—b	901		K，k	106
	C—c	1 284		L，l	90
发动机室对角线的测量	A—c	1 557	车架高度方向上的测量点与基准水平线的高度差	M，m	90
	a—C	1 557		N，n	−25
	B—c	1 168		O，o	−32
	b—C	1 168		P，p	5
	B—f	921		Q，q	12
	b—F	921		R，r	150
发动机室高度方向上的测量	D—G	561	车架对角线长度的测量	S，s	244
	D—g	561		J—K，j—k	352
	D—E（四门轿车）	978		K—n，k—N	1 114
	D—e（两门轿车）	980		M—n，m—N	960
	D—F（四门轿车）	652		N—o，n—O	1 180
	D—f（两门轿车）	653		O—q，o—Q	939
	H—E（KE 系列）	287		Q—s，q—S	1 379
	h—e（TE、AE 系列）	297	车架宽度方向上的测量	K—k	780
散热器支架宽度方向上的测量	（KE 系列）H—h	762		L—l	778
	（TE、AE 系列）	538		M—m	761
	（KE 系列）I—i	758		N—n	765
	（TE、AE 系列）	538		O—o	782
散热器支架对角线的测量	（KE 系列）H—i	779		P—D	892
	（TE、AE 系列）	580		Q—q	690
	（KE 系列）I—h	783		R—r	490
	（TE、AE 系列）	580		S—s	1 060

以图样规定为基准的参数法在车身测量中，其定向位置要求用点与点之间的距离来体现；其对称性要求用模拟轴线（或点）的相对位置来体现。

三、用对比法测量车身

对比法是以相同汽车车身的位置参数作为基准目标。当然，所选择的车身应完全符合技术文件规定要求的状况，必要时还可以通过增选台数来提高目标基准的精确性。运用对比法确定测量基准时，应注意以下两个问题。

1. 数据的选取

由于对比法需要操作者视情况量取有关数据，选择测量点、数据链作为车身定位参数的基准目标时应遵循以下原则：

（1）利用车身壳体或车架上已有的基准孔，找出所需的定位参数值。

（2）以基础零件和主要总成在车身上的正确装配位置为依据。

（3）比照其他同类型车身图中的标示方法，来确定基准参数的量取方案。

2. 误差的控制

与参数法相比，对比法测量的可靠性较差，这就要求应尽可能将测量误差限制在最小，以防止因累计误差的增加而影响维修质量。具体措施如下：

（1）选择便于使用的测量器具（如测距尺，如图 2-3-4 所示）。

图 2-3-4 测距尺

（2）不能以损伤的基准孔作为测量依据。

（3）同一参数值应尽量避免接续，最好是一次性量得。

如果没有可供选择的车身作为对比条件，也可利用车身构件对称性的原则，进行对角线比较法和长度比较法测量（见图 2-3-5）。这种方法仅适用于程度不大的变形，并要求将二者结合起来进行综合评价，这样才能判明损伤。

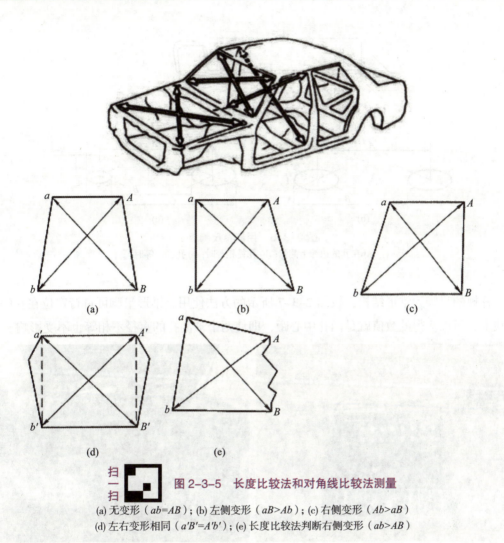

图 2-3-5 长度比较法和对角线比较法测量

(a) 无变形（$ab=AB$）；(b) 左侧变形（$aB>Ab$）；(c) 右侧变形（$Ab>aB$）
(d) 左右变形相同（$a'B'=A'b'$）；(e) 长度比较法判断右侧变形（$ab>AB$）

四、用测距法测量车身

测距法可以直接获得定向位置上点与点的距离，是最简单、实用的一种测量方法。它主要通过测距法体现车身构件之间的位置状态。

测距法使用的量具主要是钢卷尺和杆规（又称轨道式量规）。

用钢卷尺测量孔的中心距时，可从孔的边缘起测量，以便于读数，如图 2-3-6(a) 所示。但应注意：当两孔的直径相等并且孔本身没有变形时，才能以孔的边缘间距代替中心距〔见图 2-3-6(b)〕；当两孔的直径不同时〔见图 2-3-6(c)〕，中心距应按下式计算，即

$$A=B+(R-r) \text{ 或 } A=C-(R-r)$$

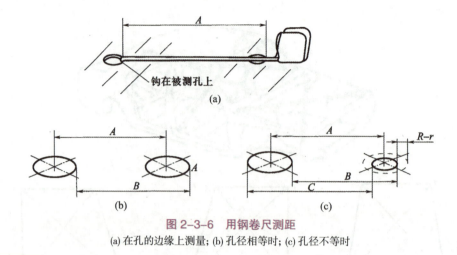

图 2-3-6　用钢卷尺测距
(a) 在孔的边缘上测量；(b) 孔径相等时；(c) 孔径不等时

杆规的量脚为锥形结构，按图 2-3-7 所示的方法使用。锥形量脚可自行定位在孔的中心线上，所以测得的数值就是两孔中心距，即使两个被测孔的直径不相等也不受影响。

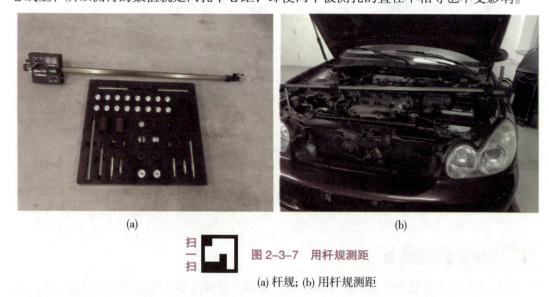

图 2-3-7　用杆规测距
(a) 杆规；(b) 用杆规测距

如果需要测量的孔径不是同一尺寸，有时甚至不是同一类型的孔：圆孔、方孔、椭圆孔等。要测出孔中心点间的距离，就要先测得两孔内缘间距，后测得两孔外缘间距，如图 2-3-8 所示，然后将两次测量结果相加再除以 2 即可。即孔径不同时，内边缘和外边缘的平均值与孔中心距离相同。例如，有两个圆孔，一个圆孔直径为 10 mm，另一个直径为 26 mm，测得其内缘间距为 300 mm，外缘间距为 336 mm，则孔中心距为 （300+336）÷2=318（mm），即轨道式量规测得的两个测量孔的尺寸为 318 mm。

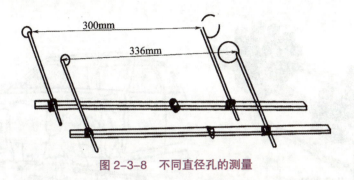

图 2-3-8 不同直径孔的测量

在使用轨道式量规进行测量时，要根据车身的标准尺寸来精确测量轿车损伤，使车身结构修复至原来的尺寸。如果没有标准尺寸，则可用一辆没有损伤且是同一厂家、同一年份、同一型号的轿车作为校正受损轿车的参照。如果仅仅车身一侧受到损伤而且不严重，那么就可测得未损伤一侧的尺寸并以此作为损伤一侧的对照尺寸。

在使用轨道式量规测量时应注意以下事项：

（1）轿车上固定点如螺栓孔的测量位置是中心。

（2）点至点测量为两点间直线的距离测量。

（3）量规臂应与轿车车身平行，这就要求量规臂上的指针在测量某些尺寸时要设置成不同长度。

（4）某些标准车身数据要求平行测量，有些则只要求点至点之间的长度测量，而有的则两者都用。修理人员必须使用与车身表述的数据一致的测量方法，否则就很容易发生错误的测量。

（5）按车身标准数据测量损伤车辆上所有点，损伤的程度通常用标准数据减去实际测量数据来表示。

五、用定中规法测量车身

车身的许多变形，尤其是综合性变形，用测距法测量往往体现得不够直观。当车身或车架在轿车纵向轴线上的对称度发生变化时，就很难用测距法对变形做出准确判断。如果使用定中规法，就可以很好地解决这类测量问题。

定中规法使用的主要测量工具是中心量规，它可分为杆式和链式两种。

1. 杆式中心量规

在使用如图 2-3-9 所示的杆式中心量规时，应将量规（通常为 3 个或 4 个）悬挂在车架的基准孔上，其方法如图 2-3-10 所示。

图 2-3-9 杆式中心量规

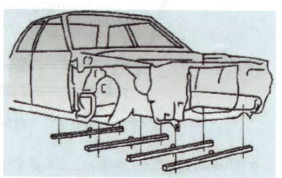

图 2-3-10 杆式中心量规的悬挂方法

通过检查中心销是否处于同一轴线上和量规杆是否互相平行,就可以很容易地判断出车身是否有弯曲、翘曲或扭曲变形。例如:当量规没有任何偏斜的迹象〔见图 2-3-11 (a)〕,则可判定车身没有变形损伤;当量规杆不平行时〔见图 2-3-11(b)〕,则说明车身产生扭曲变形;当中心销发生左右方向的偏离时〔见图 2-3-11(c)〕,则可以判断为左右方向上有弯曲;当中心销发生上下方向的偏离时〔见图 2-3-11(d)〕,说明车身上下方向有弯曲;另外,挤缩及菱形变形可以通过对基准点距离和对角线长度的测量来进行判定。

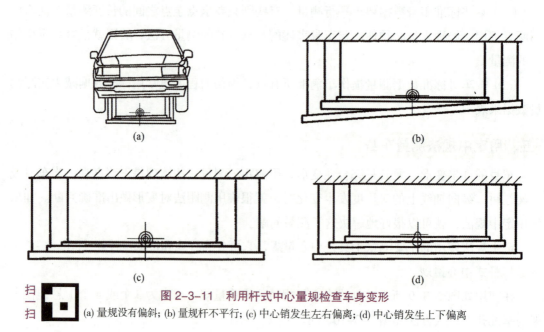

图 2-3-11 利用杆式中心量规检查车身变形
(a) 量规没有偏斜;(b) 量规杆不平行;(c) 中心销发生左右偏离;(d) 中心销发生上下偏离

应当指出,如果希望对垂直方向上的弯曲作精确诊断时,应保证中心量规的挂钩长度符合要求。

如图2-3-12所示，当其中一个中心量规的调试确定后，应以参数表中的数据为依据，对其他中心量规挂钩的长度，按高低差做增减调整，使吊挂高度符合标准要求。

2. 链式中心量规

如图2-3-13所示，链式中心量规一般悬挂在车身壳体的基准孔上，通过检查中心销、垂链及平行尺是否平行以及中心销是否对中，就可以十分容易地判断出车身壳体是否有变形。

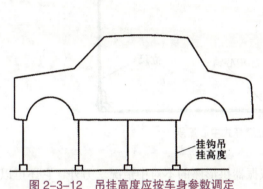

图2-3-12 吊挂高度应按车身参数调定　　图2-3-13 链式中心量规及车身壳体的检查

定中规法检查变形从理论上讲是精确的，但如果操作不当却很容易造成判断失误。特别是中心量规挂点的选择，一般以基准孔为挂点的优选对象，并注意检查基准孔有无变形等。

当左右基准孔的高度不一致或为非对称结构时，一定要通过调整中心销的位置或挂钩（挂链）的长度加以补偿，其调整值应以车身尺寸图中提供的数据为准。

3. 麦弗逊撑杆式中心量规

使用麦弗逊撑杆式中心量规（见图2-3-14）可以测量出减振器拱形座或车身上部部件相对中心线平面和基准面的不对中情况，它一般安装在减振器的拱形座上，利用减振器拱形座量规就能观察到上部车身的对中情况。

麦弗逊撑杆式中心量规有一根上横梁和一根下横梁。下横梁有一个中心销，上横杆上有两个测量指针，指针的作用是将量规安装到减振器拱形座或上部车身上。上横梁一般是从中心向外标定的。

测量指针有两种类型：锥形和倒锥形。倒锥形量针带有槽门，以方便在车身上安装（如在未拆卸螺栓头上安装）。指针一般用蝶形螺钉固定在套管上。指针的长度有很多种，以适用不同高度的测量。在使用不同高度的指针安装量规时，标尺的读数是不一样的。

在上、下横梁之间钉两根垂直立尺连接，上、下横梁的间距通过调整立尺的高度来达到。借助标准车身数据，维修人员可以利用连接上、下横梁的垂直立尺将下横梁设在基准面内，以便将减振器拱形座量规调整到正确的尺寸。在下横梁定位好后，上部定位杆应当处于减振器拱形座的基准点处。否则表明减振器拱形座已经受到损坏或者定位失准，维修人员就需要进行校正，以便使前悬架和车轮能正确定位。

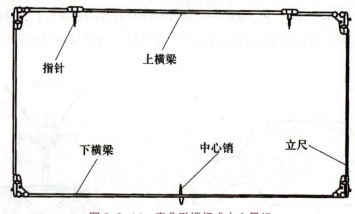

图 2-3-14　麦弗逊撑杆式中心量规

麦弗逊撑杆式中心量规一般是用来检测减振器拱形座的不对中情况。另外，它还可以用来检测散热器支架、中立柱、车颈部和后侧围板等的不对中情况。

汽车车身变形测量任务工单

汽车车身变形测量	姓　名		班　级	
	日　期		成　绩	
任务目的	1. 掌握车身上部点对点数据图的读取方法； 2. 熟练运用卷尺和杆规测量车身上点对点的尺寸，判断车身变形情况； 3. 掌握自定心量规检查车身变形的方法； 4. 根据测量结果分析车身变形的程度。			
情景设置及要求	一辆丰田卡罗拉轿车碰撞后，车身有变形，为了能够更好地进行钣金修理，首先要进行测量，检测变形的量，然后通过分析数据，变形量多少，进行钣金修理工艺的制定。			

一、任务准备
（一）用参数法测量车身尺寸
1. 指导学生识读车身上部点对点数据图
2. 测量上部车身尺寸
（1）使用卷尺的测量方法（见图2-3-15）

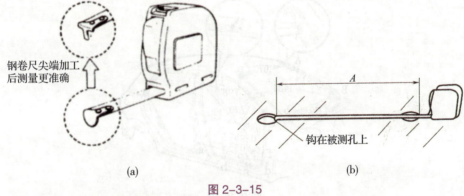

图2-3-15

（2）使用轨道式量规的测量方法（见图2-3-16）

图2-3-16

（3）测量车身前部尺寸（见图2-3-17）

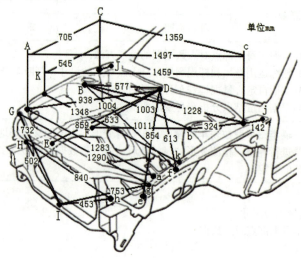

图 2-3-17

（4）测量车身侧面尺寸（见图2-3-18）

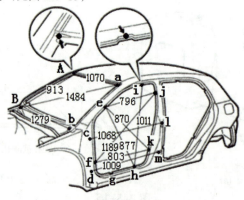

图 2-3-18

（5）测量车身后部尺寸（见图2-3-19）

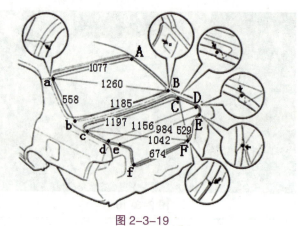

图 2-3-19

（二）用对比测量法判断车变形情况

1. 尺寸对称部位的测量（见图2-3-20和图2-3-21）

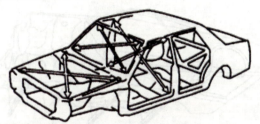

图2-3-20　车身上的测量点

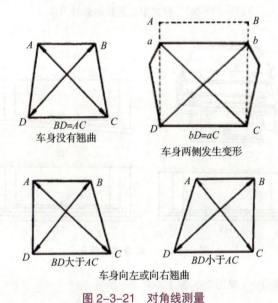

图2-3-21　对角线测量

2. 运用对比法时应注意以下两个问题

（1）数据的选取

①利用车身壳体或车架上已有的基准孔，找出所需的定位参数值；

②以基础零件和主要总成在车身上的正确装配位置为依据；

③比照其他同类车型车身图中的标示方法，来确定参数的量取方案。

（2）误差的控制

①选择便于使用的测量工具（如测距尺）；

②不要以损伤的基准孔作为测量基准；

③一个参数值最好一次性量取，尽量避免分段量取。

（三）使用中心量规检查车身变形
1. 使用杆式中心量规检查（见图 2-3-22 和图 2-3-23）

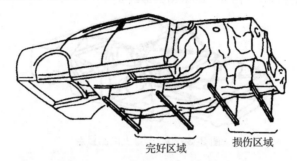

图 2-3-22　杆式中心量规的悬挂方法

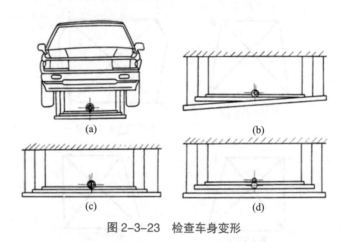

图 2-3-23　检查车身变形

2. 使用链式中心量规检查（见图 2-3-24）

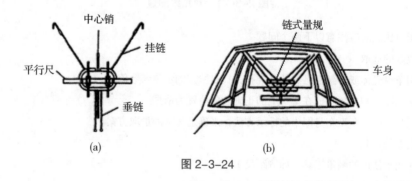

图 2-3-24

二、学生实训能力的检验
　　1. 教师随机选出丰田卡罗拉车身一部分（可以是车前，也可以是车侧或是车辆后部），要求学生能够采用不同的方法，检查车身的变形情况。
　　2. 学生能根据给出的车辆数据图，准确完成教师设定的任务。

续表

三、能力测试

1. 如果孔的直径不方便直接测量，如何用卷尺或量规通过边缘测量法得出两孔的直径？

2. 用对比测量法判断车变形情况中，对于尺寸不对称部位应该如何进行测量？

3. 使用轨道式量规测量时应注意哪些事项？

检查评估

序号	考核内容	配分	得分
1	工装是否符合标准	25	
2	车身变形测量工具能够正确使用	25	
3	能否正确读取车身点对点数据图	25	
4	能否利用多种测量方法准确测量变形量	25	

指导教师签字：＿＿＿＿＿＿

任务四　车身校正

学习目标

1. 掌握汽车车身校正的基本方法。
2. 掌握车身校正技术的基本技巧。

理论知识

一、车身校正的基本方法

（一）车身校正前的准备工作

先根据测量和损坏分析的结果来制定精确的碰撞修理程序（工艺），然后按照已定的程序完成车身修理操作。

1. 车身损坏分析

特别是对整体式车身应进行详细的测量和车身损伤分析，在损坏分析上多花一点时间，损坏分析得越详细、越彻底，修复计划做得越完善，整个车身修复工作的质量、效率就越高。

2. 车辆部件的拆除

在拉伸校正开始之前，应该先拆除车上妨碍校正的部件。有些外覆盖件需要拆卸，有些机械部件也要拆卸。

3. 对车身进行测量

通过目测可以知道一些车身损坏的情况，但只有通过精确测量才能够确切知道车身损坏的程度和变形的范围。确定了整体式车身结构的损伤程度并完全弄清楚损伤区域之后，才能够制定出完善合理的修复计划，进而进行牵拉和校正。车身主要控制点尺寸在拉伸中始终要不断进行测量和监控，以保证修复的准确性。

4. 制定拉伸程序

制定修理（牵拉）程序时，应遵循两条基本规则，以保证通过最少量的拉伸校正来修复损坏部件变形，并且不会造成进一步的车身结构损伤。

（1）按与碰撞损坏相反的顺序修理碰撞时出现的损伤（先里后外），即最后出现的损伤要最先修理，最先出现的损伤要最后修理。

（2）以碰撞方向相反的方向来设计拉伸校正顺序。

（二）拉伸操作方式

1. 单拉系统（单向拉伸）

整体式车身的拉伸校正和车架式车身的拉伸校正有很大的不同。通过一系列单向拉伸，通常就可将车架式轿车整平和校直。

2. 复合牵拉系统（多点拉伸）

整体式车身特别是大量使用高强度钢板的整体式车身，其结构复杂，碰撞力更容易扩散到整个车身，而且整体式车身大部分的板件都比较薄，高强度钢板在变形后内部有更多的加工硬化。修理过程中，这些变形的板件恢复形状需要更大的力，当只用一个拉力拉伸校正变形部件时，变形还没有恢复，但是钢板可能已经被撕裂，所以整体式车身的部件在拉伸时要求有多重拉力。这要求在每次拉伸校正过程中，尽量要找到两个或更多的拉伸点和方向，如图2-4-1所示。

复合牵拉具有支撑和牵拉甚至双向牵拉的能力，如图2-4-2所示。

图2-4-1 整体式车身的多点拉伸

图2-4-2 复合牵拉

（三）车身（车架）的定位

1. 车架式车身定位

车架式车身的定位可以采用在车架的固定孔（位于车架的架梁上）内放置适当的塞钩进行定位。为使塞钩与车架梁对中，需要用垫块进行调整，或者使用链条张紧器调整。为防止牵拉力过大造成损伤，建议在孔上焊接加强垫片后再拉伸。

2. 整体式车身的定位

对于整体式车身，必须用多点固定的方式。至少需要4个固定点，如图2-4-3所示，根据车身结构及拉伸的部位，有时或许还需要另外的固定点。

在拉伸时可在车身坚固的梁上焊接若干固定夹，并利用这些固定夹将车身辅助固定，以防止与之相连的、不能拉伸的部件损伤。

图2-4-3 车身的固定

（四）车身校正钣金工具的使用

为了更好地对整体式车身进行拉伸修复，针对车身不同部位的变形修复设计了多种钣金工具，如图 2-4-4 所示，可以对车身进行有效的拉伸修复。

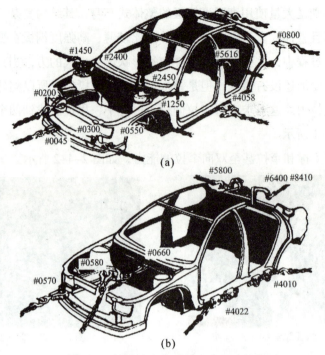

图 2-4-4 车身上各种钣金工具的使用

在使用钣金工具时必须注意正确的使用方法，否则会损害夹具和车身。在拉伸时必须使拉力方向的延长线通过夹齿的中间，否则夹钳有可能受扭转的力而脱开，还会对钳口夹持的部位造成进一步的损伤。在设计牵拉夹钳进行多点牵拉时，需要充分发挥想象力和创造力。图 2-4-5 给出一些钣金工具的正确和错误用法。

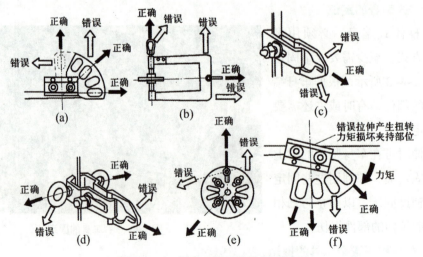

图 2-4-5 钣金工具正确和错误用法

在进行牵拉校正做准备时，钣金工具可能并不是正好夹持在变形区域，如果遇到这种情况，可暂时在需要拉伸的部位焊一小块钢片，修复之后，再去掉钢片（见图2-4-6和图2-4-7）。

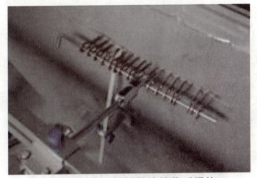

图2-4-6 门槛板拉伸的临时焊片

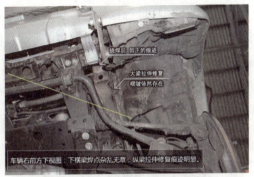

图2-4-7 前纵梁拉伸的临时焊片

（五）拉伸校正操作

（1）塔柱拉伸。现代的车身校正仪都使用液压的巨大推力通过塔柱内的液压油缸拉动拉伸链条，导向环变换拉力的方向，通过配备在塔柱上的顶部拉伸杆和下拉式装置可以对车身进行长、宽、高三个方向的拉伸。使用塔柱的链条对固定在车身上的钣金工具进行拉伸，可以进行多点、多向的拉伸，如图2-4-8所示。在拉伸时要注意塔柱必须固定牢靠，不能移动，否则有可能会对校正仪本身产生损害。

图2-4-8 用塔柱对车辆进行拉伸

（2）液压顶杆拉伸。由于校正设备配备情况不同，有些设备只配有一个或两个塔柱，为了在拉伸校正中实现多点多向拉伸，还需要补充一些液压顶杆和链条来进行辅助拉伸。如图2-4-9所示。

使用液压顶杆进行拉伸时，拉伸链条、液压顶杆、车身的拉伸点和链条固定点形成一个简单的三角形拉伸，如图2-4-10所示。液压顶杆伸长时，三角形的一边增长。因为链条锁紧在液压顶杆上，所以引起顶杆向右方倾斜，当顶杆倾斜到新的位置时，受损坏的部件就会被拉伸。

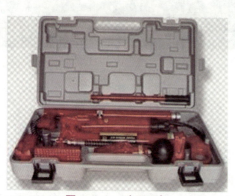
图2-4-9 液压顶杆

图2-4-10 三角形拉伸

二、车身校正技术

（一）车身前部损坏的修复

1. 损坏分析，确定拉伸程序

一辆轿车的前端被碰撞损伤，如果它的前部横梁一侧的前挡泥板及侧梁损坏严重就需要进行更换，而另一侧的前翼子板、前挡泥板和纵梁可能只是受到对面严重碰撞的影响，损坏并不严重，就需要进行修复。一侧的挡泥板和侧梁要进行修复，另一侧需要更换部件的支撑连接部件也需要在新板件安装前修复好。

通过碰撞位置可以分析出车身的左前方受到碰撞（见图2-4-11），水箱框架和前纵梁都受到严重损坏，前柱向后变形，需要按照与碰撞方向相反的方向对左侧纵梁和前柱进行牵拉（见图2-4-12），在前柱尺寸恢复后，再把需要更换的左前纵梁拆除。然后，再修理右侧挡泥板和纵梁。

需要修理一侧的整个挡泥板或纵梁可能仅在右边或左边略有弯曲，在纵向方向没有变形。

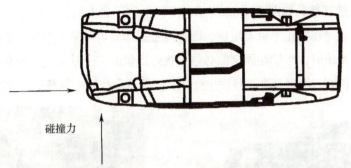

图 2-4-11 确定损伤方向

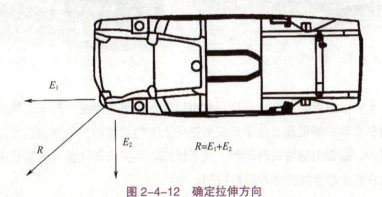

$R=E_1+E_2$

图 2-4-12 确定拉伸方向

2. 拆卸妨碍工作的部件

在拉伸校正开始之前,应该拆除车上妨碍校正的部件,包括发动机室的一些机械部件也要拆卸。首先拆卸变形严重的发动机罩和左前叶子板,以及大灯、保险杠、保险杠支撑,发动机室左侧妨碍修复操作的机械部件也要拆卸。由于左侧前纵梁已经后移使车内地板隆起,对于仪表台、方向盘等也要进行拆卸,便于进行校正。减振器支座后移严重,造成左前轮卡死无法转动,需要将其拆卸更换上合适高度的支架,如图 2-4-13 所示,在支架下垫上移动拖车器,方便事故车辆的上平台操作。

图 2-4-13 安装代替车轮的支架

3. 事故车在平台上的定位

(1)事故车上平台的操作。在车辆上平台之前要清除平台上以及平台与车辆之间的其他物品,以免影响上车操作。根据校正设备的升降类型,把平台一侧倾斜或整体降到最低高度,用手动或电动拉车器把车辆拉到平台上的合适位置,如图 2-4-14 所示。因为事故车重点是维修前部区域,所以车辆在平台上的位置要稍靠前一些。

（2）确定测量基准。如图 2-4-15 所示，车辆上到平台上后，首先是找好车身与测量系统的基准，其次就是在校正平台上定位。因为测量工作要贯穿整个车身的维修过程，特别是使用机械式测量系统时，车辆在固定前必须要找好测量的三个基准。车辆在拉伸的过程中是不能有位移的，否则，测量基准一旦发生变化，必须重新找到测量基准后才能进行测量。

图 2-4-14　事故车上平台

图 2-4-15　找好车身与测量系统的基准

（3）固定车辆。测量的基准找到后，就可以对车辆进行固定。对于车架式车身的车架定位可以采用在车架的固定孔（位于车架的架梁上）内放置适当的塞钩进行定位。为使塞钩与车架梁对中，需要用垫块进行调整，或者使用链条张紧器调整。为防止牵拉力过大造成损伤，建议在孔上焊接加强垫片后再拉伸。

对于整体式车身，必须用多点固定的方式，至少需要 4 个固定点。根据车身结构及拉伸的部位，有时还需要另外的固定点。将主夹具夹持在车身下部点焊裙边的位置，通过调整主夹的高度将车身调整水平，并且与校正台之间留出足够的操作空间。车身位置调好以后，将主夹具紧固，如图 2-4-16 所示，保证车身、主夹具和校正平台之间刚性连接，没有位移。在对车身坚固部件进行拉伸操作时，最好在拉伸方向的相反方向设置一个辅助牵拉装置以抵消拉伸的力量，防止夹持部位的部件损坏。

图 2-4-16　主夹具对车身和平台进行固定

（4）继续拆除妨碍测量和拉伸的零件。由于前横梁变形严重致使水箱等零件无法拆卸，操作人员需要对水箱框架进行预拉伸，如图2-4-17所示。有一定的操作空间后将水箱框架切除，可以用等离子切割枪切除水箱框架和左纵梁前部损坏部位，如图2-4-18所示，然后将水箱拆卸下来，再把发动机的相关部件拆除。

图2-4-17　预拉伸水箱框架

图2-4-18　切割水箱框架

4. 事故车的测量

（1）初步测量。首先，操作人员对碰撞部位附近的车身形状进行简单地测量，如图2-4-19所示。前立柱后移造成风窗立柱向上拱曲，门框变窄，所以车门无法关严。然后，操作人员根据初步测量的结果对损坏的部位进行大致拉伸校正。通过拉伸前纵梁使前立柱变形得到一定的恢复，达到车门能关闭的程度就可以了，如图2-4-20所示。接下来需要用三维电子车身测量系统对车身进行精确的测量。

图2-4-19　测量变形的车门框的宽和高

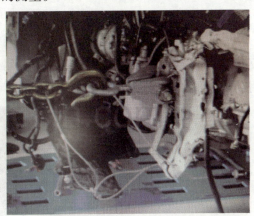

图2-4-20　拉伸前纵梁

（2）精确测量。按照测量系统的使用方法来对车身进行整车检查，对变形部件进行测量，还需要知道受损板件变形的方向和大小。操作人员需将测量系统安装好，选择合适的车型和测量模式。

5. 对损伤部位拉伸校正

拉伸前围及前柱时要用到未拆卸的前纵梁和挡泥板，因为碰撞严重，损坏扩散到车体前立柱，导致车门关不上。通过拉伸恢复前柱的标准尺寸，在拉伸的过程中要不断地测量。拉伸变形部位到标准尺寸后稳定不动，对变形区域锤击以消除应力，使金属的弹性变形减小一些，如图 2-4-21 所示。然后释放拉力，再拉伸并维持拉力不变，锤击变形部位以消除应力，再释放，进行测量，直到损伤部位的尺寸恢复到误差准许的范围内为止。

通过拉伸恢复前柱的尺寸以后就可以将前纵梁和挡泥板拆下。在分离前纵梁和前柱时，首先要将电焊部位的防腐蚀涂层清除掉，如图 2-4-22 所示，注意清除的面积要尽可能小，能清楚地看到电焊的轮廓就可以了。可以使用电钻将焊点切除，在切除焊点时注意不要损坏下层金属。

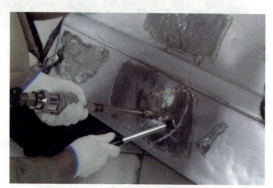

图 2-4-21 锤击变形部位以消除应力

图 2-4-22 分离纵梁与前立柱

通过测量发现前柱车门铰链处的尺寸误差较大，需要校正。用螺栓把拉伸工具固定在立柱铰链部位进行拉伸，如图 2-4-23 所示。把拉伸工具通过车身底部的孔固定在车身上，对前柱底部和前地板部位进行拉伸，拉伸中要不断地测量监控数据的变化。

图 2-4-23 拉伸铰链部位

如果维修中只是简单地夹住挡泥板，对纵梁前缘进行拉伸，则不能修理好车身前柱或前围板的主要损坏。需要多点对损坏部位进行拉伸，如果拉伸效果不好，还可以一边拉伸，一边用液压杆从里边推压，用夹具夹住前风窗立柱变形部位向下拉伸，如图2-4-24所示。风窗立柱的校正要等到前立柱校正完成后进行。随着前立柱和风窗立柱尺寸的恢复，前门的安装尺寸也在变好，但是还需要调整风窗立柱和中柱来达到良好的配合尺寸，如图2-4-25所示。

图2-4-24 液压挺杆推压

图2-4-25 校正中柱

6. 安装更换部件

把变形的部位通过校正恢复尺寸后，就可以安装更换的部件了。车身前立柱、前围板、前地板、风窗立柱和中柱校正好以后，就可以安装前纵梁、前挡泥板和水箱框架。更换的部件可以是新部件，也可以是从其他车身上更换下来的良好部分，新部件按照原来的安装痕迹来安装，如图2-4-26所示。

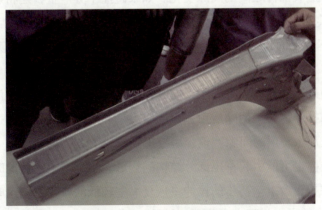
图2-4-26 更换的前纵梁

安装叶子板和发动机罩，要不断调整新安装板件的安装缝隙，直到缝隙均匀、左右位置对称，如图2-4-27所示，并对其进行临时紧固。通过车身结构尺寸的测量来检验结构件的校正是否到位；通过装配检验车身覆盖件是否安装到位；通过测量和外观检测调整好板件以后，就可以对更换的结构件进行焊接。

焊接前要将发动机罩、叶子板、水箱框架拆掉，拆卸前用记号笔做好定位标记。测量前纵梁与挡泥板组件的尺寸，确定无误后进行焊接操作。前纵梁的焊接要采用二氧化碳保护焊焊接。水箱框架可以用电阻点焊焊接，也可以用二氧化碳保护焊进行塞焊连接。结构件焊接完成后，安装叶子板、发动机罩、前保险杠总成和前大灯等，如图2-4-28所示。

图2-4-27 检查发动机罩和叶子板的装配

图2-4-28 车身维修竣工后的车辆

（二）车身后部损坏的修复

与车身前部比较，车身后部的板件结构更复杂，损坏可能扩散得更厉害，因此，对损坏的评估必须更加精确。在后端碰撞时保险杠会被损坏，而且碰撞力通常会通过后部纵梁的尾端或附近的板件进行传送，引起"上弯"部位的损坏。其次，轮罩也将变形，引起后侧围板向前移动，造成部件之间的间隙变化。如果碰撞十分严重，还将影响车顶、车门或中柱。将钣金工具或钩子固定在后纵梁的后部、后地板或后顶盖侧板后端部分。一边进行拉伸，一边测车身下面每一部分的尺寸，观察车身板件的配合和间隙情况来决定修理程度。

当后纵梁被撞进轮罩，后门有间距误差时，不能对有少量变形甚至没有变形的后顶盖做拉伸，而只能靠拉伸纵梁来消除后顶侧板的应力。如果轮罩或车顶侧边的内板和后部纵梁一起夹紧拉伸，那么车门的间隙就很容易校正到位。

车头部分的碰撞也可能引起车尾部分结构的变形。当出现上述情况时，应将车尾较低部位的结构夹紧在校正台上。初步的拉伸将恢复一些较低的校正点，这时应重新放置夹钳（校正点和固定点的数量也将随之变化），以保护已进行的校正，然后继续进行拉伸。

一旦修复到位后，要对这些部位进行辅助固定，防止在进行下一步拉伸时影响已经校正好的尺寸。在进行初步拉伸后，应拆除损坏严重不能再进行修理而需要更换的部件。

（三）轿车侧面损坏的修复

1. 损坏分析，确定拉伸程序

当轿车受到来自一侧的损坏后，车门槛板中心位置受到严重碰撞，门槛纵梁弯曲，地板会变形，车身前后端弯曲，使车身扭曲成香蕉状。

修理这种类型的损伤，可使用与拉直一根弯铁丝一样的方法，将车身的两端拉开，再将塌下去的车身侧面向外拉，如图2-4-29所示。

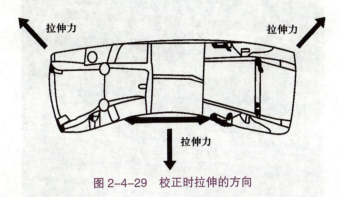

图2-4-29　校正时拉伸的方向

2. 车辆固定

将车辆用主夹具固定在校正平台上，必要时要在车辆下使用一些辅助夹具来加强车辆定位。

3. 纵向拉伸车辆的中部

上夹具紧固在车辆的门槛板裙边上，主夹具与平台之间不固定。用液压顶杆顶在两个主夹具上进行中部向两侧的拉伸。同时在中柱门槛上边的裙边上安装两个夹具进行侧向拉伸。因为中部受损后拉伸力比较大，需要同时进行两个点以上、多个方向的拉伸。

4. 拉伸车辆的前端弯曲

由于车辆的前后有弯曲变形，所以要对前端进行校正。通过测量可以看出前纵梁的尺寸有朝向撞击方向的变形，用尼龙带或其他夹具对前纵梁进行拉伸。拉伸时注意链条导向环和链条的高度要与纵梁平齐，不要太高或太低，否则拉伸时会产生向上或向下的力，使纵梁产生上下弯曲变形。

5. 拉伸车辆后端

由于车身后纵梁与前纵梁存在同样的问题，也要根据测量尺寸的结果来进行校正。

6. 侧向拉伸车门槛板

在碰撞时车门槛板承受了大量的力，变形量大，有些板件可能需要更换，但必须在进行校正后才能进行更换。通过大力拉钩向外进行拉伸时，注意大力拉钩与车辆板件的接触受力点要根据情况选择不同接触面积的垫块，同时注意拉伸的方向，遵循拉伸的要点，使应力充分放松。

7. 侧向拉伸中柱

车身的中柱在碰撞中也会变形，需要拉伸，如图2-4-30所示。在车门的铰链、门锁安装点、车门裙边的焊接接口处都会有一些尺寸数据，通过测量来确定拉伸的程度。在拉伸中柱下部时，为了防止中柱上部也发生变形，需要用尼龙带在中柱上部进行辅助牵拉。

图2-4-30 中柱的拉伸

（四）校正后的检查

修理（包括所有校正和焊接操作）完成以后，要对车辆进行最后的检查。在检查时，车身修理人员需要绕着轿车周围观察，看看是否有明显的校正错误。如果在车顶线和车门之间出现大的缝隙，就说明还有少量损坏存在。检查修理顺序，看每一项是否都做好了，如果在检查中发现问题，应马上将车固定起来，重新进行拉伸，不要等到更多的修理程序完成之后，又发现损坏，再来修理。检查时应注意以下几点：

（1）检查车门与车门槛之间的空隙（应为一条又直又窄的缝隙）。

（2）检查整个车身上部所有部位总的平整情况。

（3）开、关车门，掀、关发动机罩盖和后备厢盖，看开关时是否感觉过紧。

最终检查完毕之后，轿车可留在校正台上，重新装上修理前被取下的部件，然后再从校正台上移下来。

（五）其他校正方法

修复车身时，还有其他的一些拉伸校正方法。

1. 向上牵扯

轿车车身有些部件受到向下的碰撞力导致向下的弯曲变形，有些校正仪有斜拉臂装置可以完成向上的拉伸校正工作，如图 2-4-31 所示。但是斜拉臂的拉伸力较小，只能拉伸车顶等需要校正力比较小的部位，对于需要拉伸力比较大的部位可以用液压顶杆来辅助向上顶伸。

2. 向下拉伸（凹陷修复）

轿车车身有些部件会有向上变形，需要用下拉式装置向下进行拉伸。有时拉伸要在车身底下塞上垫块加以支撑，然后通过下拉式装置将车身高端向下拉，这样可修复车身基准线。当用下拉式装置向下牵拉时，塔柱上的链条（导向环）必须处在最低位置。

3. 侧向弯曲的校正

车身前部由于侧面碰撞引起的侧面弯曲损伤需要校正时，因为拉力比较大，在车身下面 3 个点上将车身固定后，如图 2-4-32 所示，还可以在 1、2 两点进行辅助固定。1 点受力最大，所以这点一定要夹得安全可靠。如果 2 点夹得不牢固，在侧向进行拉伸时车辆可能会移动。

图 2-4-31　斜拉臂向上拉伸

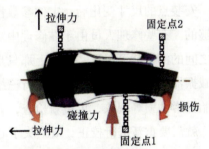

图 2-4-32　侧向弯曲损伤的校正

4. 扭曲的修复

车身扭曲后车辆的一个对角比另一个对角高或者低。在修复这种类型的损伤时，先要把车辆的中部 4 个点固定在校正台上，在车身较低一侧的校正台上，用液压顶杆向上拉伸；在车身较高一侧的校正台上用下拉式夹具向下拉伸，必要时再塞上垫块，配合车身尺寸的测量结果把车身的高度校正到位。

5. 菱形变形的修复

在菱形变形中，车架是平行四边形。修理时在校正台的每一端都设一个塔柱或液压顶杆，与前面端部拉伸的方法一样，调整牵引链的高度并与轿车相连。将车架的一边固定以防止车身侧向移动，按照变形的方向和大小来拉伸校正车架，如图 2-4-33 所示。

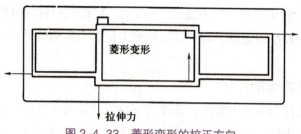

图 2-4-33　菱形变形的校正方向

6. 减振器支座的拉伸

在有些碰撞中，减振器支座会变形，必须进行校正，否则会影响车辆的行驶性能。将专用夹具固定在减振器支座上，用塔柱、链条、钣金工具或液压顶杆连接来校正。通过测量知道减振器支座的变形方向及大小，然后决定拉伸的方向，配合车身尺寸拉伸。如果两个减振器支座都向左或向右倾斜，就可以通过在两个支座上均安装牵引板，并装上牵引带来进行牵拉校正。

在实际修理中，修理人员往往对减振器支座的修复重视程度不够，其实减振器支座修理的好坏对整个车身的行驶性能影响很大。车轮的定位参数是由减振器支座的这些安装点来决定的，安装点的尺寸变化后，定位参数肯定发生变化，而这仅靠后期的四轮定位仪来调整是不够的。有些修理人员由于在修理中对测量的不重视，或认为仅进行发动机室数据的点对点之间的测量就可以了，实际上那只是进行了二维测量，还有一个高度的测量没有进行。在减振器支座的修理中一定要进行三维测量，否则等车身全部校正完毕后发现车轮跑偏、轮胎异常磨损等现象，再重新检查，就会发现可能是由于悬架的安装点尺寸不对导致的，那么就需要重新进行校正，既损失了时间又增加了维修工作量。

（六）车身板件修复或更换的原则

车身碰撞中损坏的钢板，在损坏分析和制定维修计划时就要确定哪些需要修复，哪些必须更换。许多车身维修人员认为如果损伤部件能够校正，都应该进行彻底的修理。实际上，不是所有的板件都可以修复，对于一些高强度钢和超高强度钢制造的板件，损坏严重后不能进行维修，需要进行更换；有些吸能区部件变形严重，也需要更换而不能维修。

在修理整体式车身时，不要试图切除一部分的损坏部件（如磨损、断裂、弯曲等）后在切除部位焊接一个加强补丁来修复。因为现代车身结构中，有些部件（如梁）有意设计成能在碰撞中损坏以吸收碰撞能量的变形区。加强补丁可能会影响部件正常的碰撞变形，而失去吸能作用。当断裂、磨损或弯曲的部件不用补丁就修理不好时，应该更换整个部件。

三、车身板件的应力消除

1. 金属内部的应力

拉伸校正的目的是将损坏的车身恢复到原来的形状,但是恢复到原来形状的金属会由于再一次的变形而使内部加工硬化(应力)的程度加重,从车身表面上看是已经修复好了,但钢板内部的状态并没有恢复。车身修复也要使金属恢复到原来的状态。

外形和状态是不同的,有些东西能变回原来的外形,但不能恢复原来的状态。在拉伸校正过程中,需要解决以下两个问题。

(1)恢复车身的原来形状。

(2)消除或减少由于事故使车身板件反复变形而积累的应力,恢复板件原来的状态。

①金属内应力产生的原因。

平直金属材料中的晶粒都处于相对松弛的状态,如图2-4-34所示。一块金属弯曲时,这些晶粒轻度变形,如图2-4-35所示,就产生应力。应力解除后,如果金属有足够的弹性,晶粒将回到原来的状态。

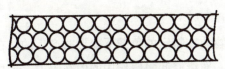
图2-4-34 平直的金属内部晶粒松弛

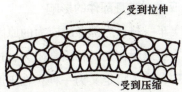
图2-4-35 板件弯曲时内部晶粒变形

如果金属在碰撞中弯曲得很厉害,板件外侧的晶粒受张力而严重扭曲,内侧的晶粒则受压力而扭曲,如图2-4-36所示。由于超过了金属的弹性极限,金属会产生塑性变形。在变形的部位有大量应力的存在,以保持这种状态。

如果拉伸校正的金属板外形恢复后,允许有微小变形和不均匀晶粒的存在,而不考虑其状态,金属内部晶粒如图2-4-37所示,晶粒并没有随着板件外形的改变而改变排列状态,金属内部还会有大量的应力存在。

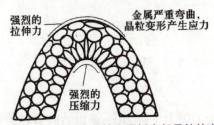
图2-4-36 严重弯曲的金属板内部晶粒的变形

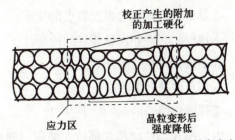
图2-4-37 校正平直的板件内部的晶粒依然存在变形

②金属内部应力的消除。

外形修复到与原形接近的金属板,其晶粒仍处于扭曲状态,形成新的扭曲区域。一般用可控制的加热(一般在200℃以下)和锤击,晶粒能被激活,重新松弛后恢复到原来状态。加热和外力使金属板恢复到原来的状态,减少了应力,使金属板尽可能地恢复平直,并且保持它原来的状态,如图2-4-38所示。在进行高强度钢板的应力消除时尽量不要采用加热的方式。

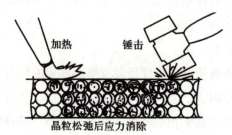

图2-4-38 晶粒变形的恢复(应力的消除)

2. 应力对车身部件的影响

(1)车身材料内部形成应力的原因。

应力可以看作是一种内部阻力,这种阻力是物质在特定的负载下变形时产生的。在碰撞修理中,应力可定义为一种存在于原材料中的、对维修起阻碍作用的内在阻力。这种阻力(或应力)是由以下原因造成的。

①板件变形。

②过度加热。

③不正确的焊接操作。

④不理想的应力集中。

(2)整体式车身上的应力可能引起某些部件的变形。例如:

①车门、发动机罩、后备厢、车顶开口的变形。

②挡泥板与纵梁上的凹痕和皱纹。

③悬架系统和发动机安装点的变形。

④地板、支架和齿轮装置的损坏。

⑤油漆和内涂层的开裂。

⑥焊点被拉开或断裂。

⑦焊缝和焊缝的保护层裂开。

因为损坏部位比相邻部位在修理时要产生更大的阻力(应力),所以有时需要附加夹钳来固定。例如,损坏的梁对张力的阻力就比与它连接的前盖板/隔板的阻力大。用一个夹钳可防止前盖板/隔板移位,修复力能直接作用在梁上。在牵拉校正中,所有关键的控制点必须进行测量以控制其方向,并防止牵拉过度。

通常,如果某一碰撞力的扩散而产生的变形不导致皱曲,拉伸校正中有效的拉力将使问题简单化。当牵拉大型板材如车顶板材时,由于牵拉时容易变形,要特别注意。例如,向后牵拉时,用一把修平刀压在变形区域的背面,有助于变形的恢复。

在拉伸校正中利用拉力作用恢复板件的变形,再用弹簧锤消除应力。弹簧锤通常与修平刀或木块(作垫块用)一起将打击力分散到较大面积上,从而消除应力,让金属板由于弹性回到原来的大小和形状。对于主要损坏部位相邻的地方也要用弹簧锤敲击以放松应力。

3. 应力消除

用一块型钢或木块以及铁锤,可以消除大量应力。大多数应力消除是冷作用,不需要很多热量,假如需要加热,也要小心加热,并加以控制。对现代车身上的高强度钢板上的应力不能用加热的方式来消除。

加热通常会产生某种程度的氧化或一定量的氧化皮,还会产生脱碳作用。氧化皮影响金属的表面光洁度,脱碳作用引起表面软化,严重时影响疲劳寿命。氧化皮的量很大程度上取决于加热的时间和温度。加热件背面氧化皮的厚度总是比暴露于火焰的正面要厚一些。火焰层直接接触表面由于有燃烧气体保护,不致氧化,但背面一旦达到适当的温度,就会氧化。同一部位每次重新加热,都会产生更多的氧化皮。

如果损坏部分需要加热,必须严格遵守轿车生产厂家维修手册上的建议。例如,在整体式车身梁上加热时,应仅在梁的角上加热。加热后不能用水或压缩空气冷却加热区,必须让它自然冷却。快速冷却会使金属变硬,甚至变脆。监视加热的最好办法是用热蜡笔或热敏涂料。用热蜡笔在冷件上做标志,当达到一定的温度时,热蜡笔记号就会溶解。热蜡笔相当准确,比维修人员用眼观察颜色变化确定温度要精确得多,用热蜡笔的误差为 ±1%。

4. 车身板件的应力集中

金属结构在某些条件下其强度性能降低,这些条件叫作应力集中。应力集中,就是在负载作用下,应力产生定位凝聚。在整体式车身的设计中,有时设有一些预加应力的零部件用于控制和吸收碰撞力,使车身结构损坏减少到最小程度,增加乘客的安全性,如图 2-4-39 所示。所以,不要把原设计的应力集中件拆除掉,只能按照轿车生产厂维修手册的建议,维修或替换掉有预应力设计的部件。只有全面恢复车身部件的功能、寿命和外形,才是正确的修理。

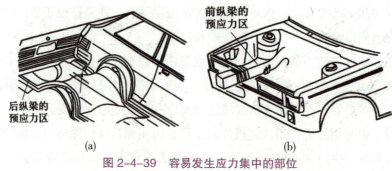

图 2-4-39　容易发生应力集中的部位
(a) 后纵梁的预应力区；(b) 前纵梁的预应力区

在有些应力没有完全消除时，可能出现下列情况：

（1）由于负载的施加及释放引起悬架和驾驶操作部件的疲劳。

（2）当再次遭到相似的碰撞时，较小的碰撞力就会引起同样或更大的损坏，甚至危及乘客的安全。

（3）车身尺寸变形，引起各种操作的困难。

这是因为板件的应力导致应力集中，造成以上问题。要解决这些问题，还需要重新放松应力。所以在修理时操作人员一定注意板件状态的恢复。

汽车钣金整形机的认知和使用任务工单

汽车钣金整形机的认知和使用	姓名		班级	
	日期		成绩	
任务目的	1. 了解汽车钣金整形机的组成； 2. 了解汽车钣金整形机的工作原理； 3. 掌握汽车钣金整形机的拉拔工具的名称； 4. 掌握汽车钣金整形机主控制面板各部分的含义； 5. 掌握汽车钣金整形机的使用方法及凹陷修复方法。			
情景设置及要求	一辆丰田卡罗拉轿车发动机舱盖碰撞后，产生了严重变形，为了能够更好地进行钣金修理，选择使用钣金整形机。			

一、任务准备

（一）汽车钣金整形机的认知

汽车钣金整形机（俗称：介子机）是汽车修理厂用来钣金修复的一种设备。其原理和电焊机差不多，利用瞬间大电流释放使车体金属和焊枪金属粘连在一起从而进行整形的设备。其工作原理、功能、特点及优点如下。

1. 工作原理：

利用低电压、高强度的电流流过两块铁板时产生的高电阻热融化接触部分的金属，用焊枪电极的挤压力把它们熔合在一起，从而达到焊接的目的。

车体凹位整形介子机的电源为 380V/50Hz，通过内部的变压器转换成 5~8V 的低电压高电流的直流电。主机上有两条输出电缆，一条连接焊枪，为焊枪电缆；另一条连接搭铁夹，为搭铁电缆。在工作时，两条电缆形成一个回路。把搭铁夹连接到车身板件上，焊枪通过圆片介子把电流导通到板件凹陷处，由于电源电流流经变压器后，电流值已达到 1 000~2 300A，这时圆片介子与车身板件接触处会产生很大的电阻热，这一热量足以迫使该点板材及介子熔化，使其原子间互相渗透，从而将介子熔植焊接在车身板材凹陷处，然后利用拉拽工具勾住圆片介子将凹陷处拉出。

2. 功能：

焊接介子（供拉拽用的介质）、单面电焊、电加热收火、碳棒修补与加热、钢板压平等。

3. 特点：

焊接速度快、受热范围小、金属不易变形、操作方便。

4. 优点：

无论车身结构如何，都可以在凹陷部位焊接不同的介质，通过拉拽的方法使之修复。集多种焊接、加热等功能于一体，给车身整形修复带来了方便。

5. 组成和控制面板认识。

（1）钣金整形机的外部组成：主要由电源线及插头、焊枪及焊枪电缆、搭铁夹及搭铁电缆、功能选择开关、时间调节旋钮、指示灯、外部装有保护内部构件的防护罩、便于移动而安装的把手以及车轮等组成。如图 2-4-40 所示。

续表

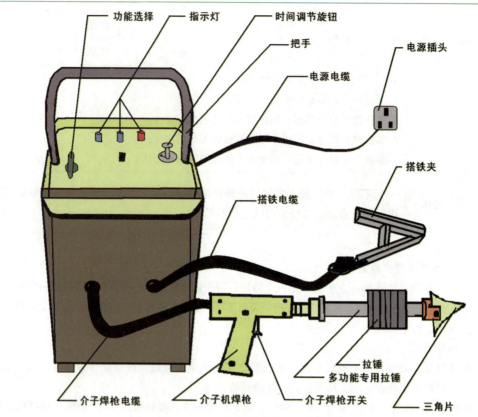

图 2-4-40　汽车钣金整形机的组成

（2）钣金整形机的内部组成：内部主要由变压器（见图 2-4-41）、电磁开关（见图 2-4-42）、控制线路板、小型断路器、保护电阻等组成。

HT-6500A内部结构

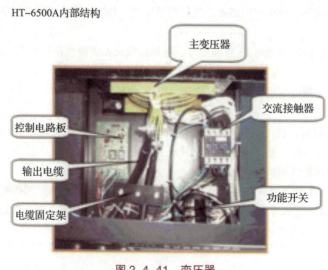

图 2-4-41　变压器

续表

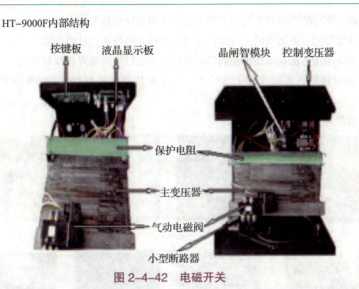

图 2-4-42 电磁开关

（3）附件工具的认识。

操作中根据凹陷的不同形状和位置，选择相应的配件灵活运用，用正确的方法操作。

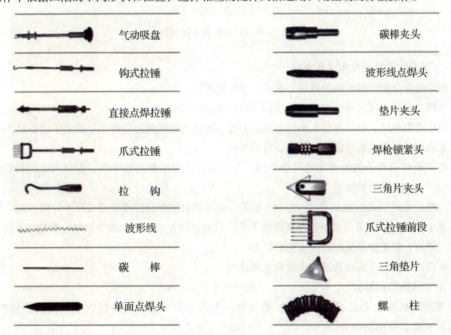

（二）钣金整形机的操作步骤

1. 连接好电源，开启电源开关，检查机器是否正常。

2. 将需要修复的凹陷部位彻底打磨干净，并在离凹陷部位较近的区域打磨出一小块裸露的区域（打磨油漆，除锈）。

3. 将地线钳（负极）夹在裸露的区域。

续表

4. 焊接枪根据不同的凹陷和不同的工作需要，选用不同的接头或介子。
5. 根据车身板厚调节电流挡位、时间挡位和工作模式挡位（自动或手动）。
6. 将选用的介子用力抵在需要拉拽的凹陷部位，然后轻轻按动焊接控制开关。
7. 将多功能拉锤钩在焊接牢固的介子上，一手扶住拉锤的把柄，一手握住拉锤的滑动锤向后拉拽。
8. 转动拉钩使介子脱离凹陷。

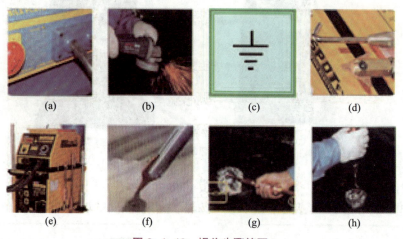

图 2-4-43　操作步骤简图

（三）钣金整形机的操作注意事项

1. 注意绝缘保护，戴好防护眼镜、手套，穿好绝缘鞋。
2. 清理车身及工作区域，周围 10 m 内不能有易燃易爆物品。
3. 使用整形机时，必须拆掉车辆的电瓶电源线，防止大电流通过时将车上的电子设备损坏。
4. 正确调整整形机的功能板，并保证可靠接地。
5. 将需要焊接介子的地方彻底打磨干净。介子的焊接点也要打磨干净，否则可能会造成焊接不牢。打磨时一定要戴防护眼镜。
6. 不要选用纯铜或铝制介子，因为铜、铝等金属与铁材的焊接强度很差或根本焊接不到一起。
7. 取下介子时，不可用钳子等将其撕拽下来，只要轻轻拧动即可，因为接触位置的焊点可以承受很大的拉伸力，但不能承受扭转造成的剪切力。
8. 不使用本机时，将电源线插头拔离电源插座。

二、学生实训能力的检验

1. 教师随机选出丰田卡罗拉发动机舱盖的一个部分，要求学生介绍钣金整形机的操作方法，拉出发动机舱盖变形的部分。
2. 根据学生实训的结果，评定学生本次的实训成绩。

三、能力测试

1. 汽车钣金整形机修复项目有哪些？

续表

2. 汽车钣金整形机的面板功能键都具有哪些功能?

3. 对于汽车钣金件的圆角变形,如何利用汽车钣金整形机进行修复?

4. 汽车钣金整形机的单面点焊焊接功能与电焊机的焊接功能有什么不同?

	检查评估		
序号	考核内容	配分	得分
1	工装是否符合标准	25	
2	能否正确认知汽车钣金整形机的结构组成	25	
3	能否正确使用汽车钣金整形机	25	
4	能否利用汽车钣金整形机恢复汽车车身凹陷	25	

指导教师签字:_____

任务五　车身板件、附件的拆装与更换

学习目标

1. 掌握汽车车身外部板件的更换与安装方法。
2. 了解汽车保险杠、翼子板、格栅及天窗的拆装、更换和调整技巧。
3. 掌握汽车车窗玻璃的拆装与更换方法。

理论知识

一、非结构性板件的拆卸及更换

车身外部金属薄板的连接有些采用紧固件，如翼子板等部件的安装采用紧固件的方法既简单又快捷。为了正确对中，在紧固螺栓之前需要检查并测量相接和相邻的板件，当有螺栓孔与新板件的螺栓孔不同心、板件之间的缝隙不均匀整齐等问题时，要调整或校正相关联的板件。

车身上大部分板件采用焊接连接，在更换新板件时要做大量的准备工作，要小心地校正。

1. 车辆的准备

拆卸损坏的板件以后，待修理的轿车要做好安装新板件的准备，工作步骤如下。

（1）磨掉点焊区域焊缝的痕迹。用钢丝刷从连接表面上清除掉油泥、锈斑、油漆、保护层及镀锌层等。不要磨削结构性钢板的边缘，否则会磨去金属使板件变薄，并削弱连接强度。

（2）整平板件相配合的凸缘上的凹坑和凸起，保证焊接时两层板件能很好配合且没有缝隙。

（3）在油漆和腐蚀物已从连接面上清除、基体金属已经暴露的区域，应涂上可导电的防锈底漆，如图 2-5-1 所示。因为连接的表面不能再进行涂漆，所以焊接前要采用防锈底漆处理。

图 2-5-1　焊接部位涂刷防锈底漆

2. 新板件的准备

因为所有新板件都涂有底漆，所以必须在焊接的结合面上清除掉底漆，以使焊接电流在电阻点焊时能顺利地流动。新板件的准备步骤如下：

（1）用尼龙打磨机清除点焊区域两边的油漆，注意不要磨削到板件，并且不能使板件过热变成蓝色或开始变形。

（2）焊接表面清除油漆层后，要刷涂防锈底漆。

（3）如果新钢板要切割成与现有的钢板搭接的形状，需要采用气动锯或切割砂轮。

3. 更换后顶侧板

在更换非结构性的外部板件时，操作人员可以只用肉眼检查与相邻板件是否匹配，而不用像更换结构性板件那样精确地进行测量。外部板件更换注重的是在外观上的配合，车身轮廓线必须平齐，板件之间的间距必须均匀。下面以新的后顶侧板的安装来说明安装的操作过程。

（1）焊点的清除。使用焊点转除钻来钻除焊点，针对不同的部位选择合适的工具钻头直径。

（2）C立柱的切割。用样板规在C立柱外板画出切割线，在切割线上进行切割。对铜焊部位加热，分离钎焊区。

（3）车身结合部位的整理。用研磨机磨平焊点部位的多余金属，使金属平整，去除黏着物。

（4）新板件的切割准备。用塑胶样板规刻划切割线，使用气动锯在切割线上进行切割。

（5）暂时安装后顶侧板，用大力钳夹在若干点将它固定，要保证板件的末端和边缘的匹配。

（6）仔细调节新板件与周围板件的配合。调节板件以便与车门和车身轮廓彼此匹配。然后将后备厢盖安装在正确位置上，并调节间隙和水平差。

（7）将板件装配到门和后备厢盖以后，可以钻些小孔，用自动攻丝螺钉将它固定。

（8）切割搭接的板件。板件正确定位以后，在分割区域进行切割时要精确。

（9）焊接前准备。在新零件上用不同记号来辨别是要进行塞焊还是点焊，先将实施点焊部位的底漆磨除，对塞焊部位根据板厚度选择钻头来钻取塞焊所需要的塞孔。确保新板件与车身的结合面吻合间隙很好，在焊接处涂抹点焊防锈底漆。

（10）焊接新板件。一旦确定新板件的尺寸和位置以后，就将它焊接就位。要采用分段焊接防止热变形和应力。对钎焊部位进行钎焊，如图2-5-2所示。

图 2-5-2 新板件电阻点焊和钎焊
(a) 点焊;(b) 钎焊

（11）焊接接头的处理。对表面的焊缝进行研磨，直到平滑。在没有底漆的部位实施清洁及去脂工作，车身上涂抹车身密封胶和喷涂底层漆。

（12）调整装配间隙。先调整后备厢盖的前后方向间隙，再调整后备厢盖的左右方向间隙，最后调整后备厢的高度，如图 2-5-3 所示。

图 2-5-3 调整后备箱盖间隙
(a) 调整后备厢盖的左右方向间隙;(b) 调整后备厢的高度

二、车身板件的更换

整体式车身部件一般在接缝处进行更换。但当有许多必须分离的接缝在车辆未受损伤的区域时，如果全部更换将导致费用过高，就需要进行局部切割并更换。如对梁、立柱和车门槛板进行分割部分更换，可降低昂贵的修理费用。分割结构件，同时要保持防撞吸能区的完整，使修理区域的强度像撞击以前一样，再遭遇碰撞时还具有吸收碰撞的能力。

在分割时要考虑车辆的特殊设计，例如防撞吸能区、内部的加强件、制造时的接缝位置，以及理想的分割区域。当分割高强度钢和超高强度钢时，在确认分割将不危害车辆结构的完整性时才能实施。

关于结构性板件的分割和更换主要包括下列部件（见图 2-5-4）：车门槛板、后顶侧板、地板、前纵梁、后纵梁、后备厢地板、B 立柱以及 A 立柱。

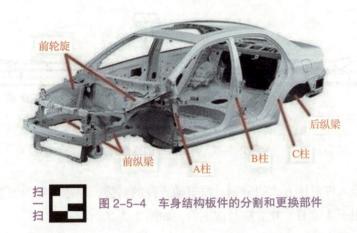

图 2-5-4 车身结构板件的分割和更换部件

在整体式车身结构件中，有两种基本类型：一种是封闭截面构件，如车门槛板、立柱和车身梁；另一种是开式的或单层搭接连接的组合部件，如地板和后备厢地板。封闭截面构件是要求最高的构件，因为它们在整体式车身结构中承载主要的载荷，而且相同截面大小的强度，要比其他部件截面的强度大得多，如图 2-5-5 所示。

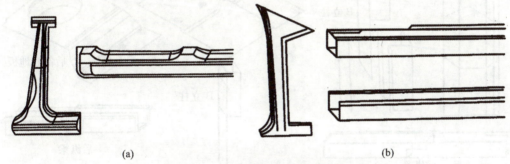

图 2-5-5 车身板封闭和开式的截面
(a) 封闭截面；(b) 开式截面

1. 基本连接形式的分割与连接

分割时有些部位要避开，如要避开构件中的一些"孔"。不要切穿任何内部加强件，如金属的双层构件。如果操作人员不小心切穿了内部加强件的封闭截面，则不可能使该部位恢复事故发生前的强度。

还应避开支承点，如悬架支承点，座椅安全带在地板中的固定点，以及肩带 D 环的固定点。例如，当切割 B 立柱时，应环绕着 D 环面作偏心切割，以避免影响固定点的加固。

结构件分割有以下三种基本的连接类型。

（1）有插入件的分割。主要用于封闭截面构件，例如，车门槛板、A 立柱以及车身梁，如图 2-5-6 所示。插入件使这些构件容易装配和正确地对中连接，并且使焊接过程比较容易。

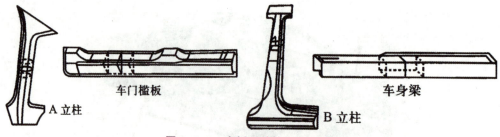

图 2-5-6　有插入件的连接方式

（2）没有插入件对接方式的分割。没有插入件的对接，通常又称为偏置对接。这种类型的焊接连接用于 A 立柱、B 立柱及前纵梁，如图 2-5-7 所示。

（3）搭接。搭接用于后纵梁、地板、后备厢地板及 B 立柱，如图 2-5-8 所示。

根据被分割构件的形状和结构，采用组合的连接类型。如分割立柱，可能要求在外件上用偏置对接连接，而在内件上用搭接连接。

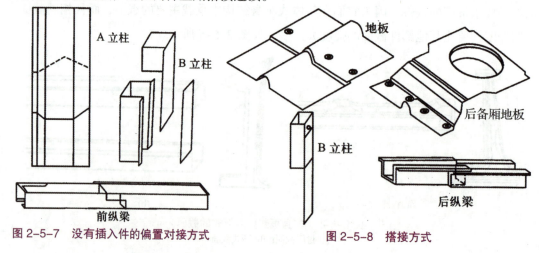

图 2-5-7　没有插入件的偏置对接方式　　　图 2-5-8　搭接方式

2. 防撞吸能区的分割

有些结构件设计有防撞吸能区或皱折点，这是为了在撞击时吸收冲击能量。尤其是前梁和后梁上更是如此，所有的前梁和后梁都有防撞吸能区，通过外观可辨认这些防撞吸能区。

在维修中需要对前纵梁进行切割时，一定要避开前纵梁防撞挤压区，要按照维修手册中指定的位置（见图 2-5-9）进行切割，否则就会改变设计的安全目的。如果一根梁遭受到较大的损坏，这根梁通常将在防撞挤压区被压弯。因此，其位置通常是容易确定的。在中等损坏的场合，其冲击能量不可能把整个防撞挤压区压缩，因此要注意观察可能出现损伤的其他区域。

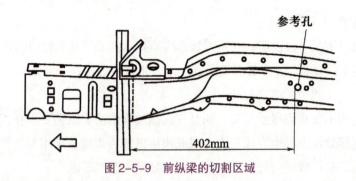

图 2-5-9 前纵梁的切割区域

3. 车身整体分割的注意事项

如果车身的前部或后部遭受严重的损坏，损坏区域没有修复的价值，有时要通过车身的整体分割来切除损坏部分，把另一辆轿车的完好部分连接到需要维修的车身上。与常规车身整体的修理损坏的方法相比，整体分割更实用，并且费用少。

车身的整体分割中，两根A立柱、两根车门槛板及地板切割后，一辆轿车的车身就能被完全分割。

采用车身的整体切割方法应注意以下事项：

（1）所有的修理工艺规程，包括安装和焊接，必须向车主充分说明。

（2）重复使用的零部件（包括车身零部件和机械零部件）必须是同类型、具有同等质量的。核实悬架装置、制动装置和转向机构工作是否正常。

（3）切割前要小心地检查前后两部分车身是否对正。如果没有对正，那么板件的配合间隙不准确将导致接缝过大。

采用车身整体分割把两辆车拼接到一起时，在A立柱的中间、两个车门槛板中，可以使用对接和插入件，在地板中使用搭接。要在车门槛板和地板，以及前车门开口的中间进行切割，避免对A立柱及B立柱中的任何支架或加强件进行切割和破坏。

4. 车身整体切割后连接的注意事项

当需要连接车身的前截面和后截面已经修整到可以装配后，在连接部位需要进行塞焊的部位钻好塞孔，在需要进行电阻点焊的位置去除油漆层并涂刷导电底漆，然后按下列步骤连接前后截面。

（1）安装车门槛板和立柱的插入件，用金属板件固定螺钉将插入件固定。

（2）根据风窗的外形和角度，将A立柱插入件插入风窗立柱的上部或下部。

（3）先连接车门槛板，然后连接A立柱，将两部分安装在一起。将车门槛板和立柱凸缘夹紧，以防止截面被拉开。

（4）测量风窗和门开口的尺寸，最好装上门和风窗以检验定位是否正确。

（5）完成正确的定位后，用固定螺钉将搭接部位固定在一起，以紧固焊接区，并在焊接时保持截面靠紧。

（6）将截面焊接在一起以前，先用测量系统检验车辆的尺寸和截面的定位是否正确。

（7）用连接车门槛板、A立柱和地板的技术，将截面焊接在一起。

5. 板件分割、连接中的防锈处理

防锈剂的应用不仅在焊接前需要，而且在涂漆过程的前后也需要。在板件焊接在一起之前，首先在连接处涂上导电底漆。在完成底漆层以前，焊缝必须用车身密封剂密封，或者在完成底漆后，对接缝进行防锈处理，以防水分侵入造成锈蚀。

三、结构性板件的拆装与更换

结构性板件的拆装与更换，这里以更换汽车前纵梁为例进行阐述。

将车辆放在车身校正台上定位，校正已损坏但不要求更换的板件。做好所有的板件校正工作，否则新的板件就无法正确安装。

校正完成后，将新板件安装到指定部位，用夹具将新的板件定位，使用测量系统检查新的板件与轿车上完好的板件是否对齐，新板件的测量点尺寸是否符合误差要求。经必要的调整后将新板件夹紧在正确的位置，然后将它焊到与之相配合的板件上。

具体操作步骤如下：

（1）拆除旧的板件。用砂轮机清除油漆膜，如图2-5-10所示，按照所属车型车身维修手册确认焊点位置和焊点数量。

（2）使用气动钻钻除所有焊点，如图2-5-11所示。依照各车型的车身维修手册确认钢板的组合形态后，选择钻头直径及钻除方向。使用錾子检查所有焊点的钻除情况，但不能施力于錾子上以免使钢板裂开。

图2-5-10 清除油漆

图2-5-11 钻除焊点

（3）车身准备。在钻除焊点时或剥离钢板所产生的毛刺要磨平，如图2-5-12所示，注意不要把钢板磨薄。进行电阻点焊焊接的部位要清理干净，露出新的金属，如图2-5-13所示。

图 2-5-12 焊点连接部位清理毛刺

图 2-5-13 清洁电阻点焊部位

（4）车身结合面清洁。用钢丝刷刷除钢板焊接部位周围的车身密封胶及底层漆。在清洁和去蜡后，在钢板焊接的结合面涂抹点焊专用底漆。

（5）新钢板焊点位置定位。在点焊或塞焊的位置做上不同的标记，以便于辨认，并在新的钢板上做记号（先决定两端的位置，再分配其余的焊点数）。如果用塞焊则先要在新板件上钻孔，如图 2-5-14 所示。

图 2-5-14 塞焊操作要提前打孔

（6）新板件清洁。要磨除实施点焊焊接部位的底漆，在磨除底漆的后表面上涂抹点焊专用底漆。

（7）将前挡泥板和边梁的装配标记对准，并用虎钳夹将它们夹紧。没有参考标记的零件应根据旧件的相同位置来安装，如图 2-5-15 所示。

图 2-5-15　新板件安装在旧件相同位置

（8）暂时安装车身前横梁。用锤子和木块依次轻轻地敲击板件，使它按需要的方向移动，直至彼此相配，同时要用测量工具来确定安装部件的尺寸位置，如图 2-5-16 所示。

（9）假如测量尺寸与参考值相符，通过二氧化碳保护焊（俗称二保焊）点焊一个点，如图 2-5-17 所示，暂时安装前地板加强件，定位焊点应选择在容易拆除的部位。用划线笔在不焊接零件的末端划一条位置线并钻一个小孔，用金属板螺钉将这些零件固定在一起。用划线笔在挡泥板安装区域划一条线，但不将这些板件焊接在一起。

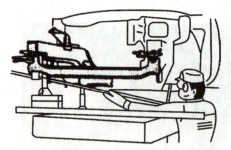 

图 2-5-16　通过测量最终确定新板件位置　　　　图 2-5-17　新板件定位焊

（10）依照标准孔或旧零件的装配痕迹来暂时固定安装水箱框架，如图 2-5-18 所示。

图 2-5-18　安装水箱框架

（11）调整尺寸。首先进行测量，来确定悬架上支座及前翼子板隔板前后端安装点的定位，检查零件与前大灯左右尺寸的差异，并调整到完美状态。

（12）检查左右翼子板隔板上端的高度。用测量系统测量翼子板前、后安装孔与其他测量点的尺寸，调整到误差范围内。

（13）组装车身覆盖件并检查装配间隙，利用发动机罩铰链和翼子板等的安装痕迹来实施组装，最后的安装间隙焊接后再调整。图 2-5-19 为检查外覆盖件安装的配合间隙。

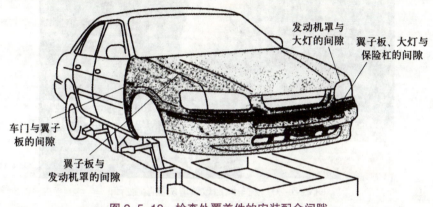

图 2-5-19　检查外覆盖件的安装配合间隙

（14）在焊接以前，要再一次核实所有的尺寸。使用测量系统对零件定位时，新零件上的测量点应与车身相对一侧上的零件相同，如果尺寸不匹配或不一致，必须校验参考点位置。

（15）焊接新钢板。在焊接时应从强度较高的部位开始焊接，焊接的两个板件要结合良好没有缝隙，焊接时要采用分段焊接以减小焊接应力与变形。焊接后拆除焊接夹钳，并重新测量。

（16）焊接表面处理。在有些部位能明显看到的焊点必须研磨至与板件平齐，而要喷涂底层漆的部位只要稍微研磨修饰即可。钢板清洁及去油脂后在焊接部位或裸钢板上喷涂防锈底漆。

（17）在完成涂装后进行车身部件装配。先调整发动机罩的前后方向，再调整发动机罩和翼子板之间的间隙，然后调整发动机罩高度，最后调整车门与翼子板的车身线高度和曲率。

四、发动机罩的拆装与更换

发动机罩的拆装与更换步骤如下：

（1）拆卸发动机罩镀铬装饰条。

（2）拆卸发动机罩后密封条、可调式橡胶缓冲块及密封条。

(3）拆卸发动机罩护板卡子。

(4）拆卸清洗器喷嘴和清洗软管，如图 2-5-20 所示。

(5）拆卸发动机罩总成，如图 2-5-21 所示。

(6）安装，按照拆卸相反顺序进行即可。

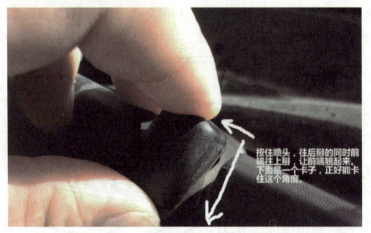

图 2-5-20　汽车风挡玻璃清洗器喷嘴拆卸

图 2-5-21　拆卸发动机罩总成

五、前保险杠、翼子板及天窗的拆卸、更换和调整

1. 前保险杠的拆卸、更换和调整

前保险杠的拆卸，应遵循一定的步骤和方法，下面以丰田卡罗拉车为例进行讲解。

(1）拆卸前中网螺丝。

(2）拆卸前保险杠右侧轮眉饰条，如图 2-5-22(a) 所示。

(3）拆卸固定前保险杠左、右侧及杠下螺丝。饰条分离开后，可以发现里面固定前保险杠的螺丝，用相应工具将螺丝拆解下来，如图 2-5-22(b) 所示。

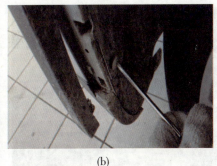

图 2-5-22　拆卸固定前保险杠饰条和螺丝

(a) 拆卸轮眉饰条；(b) 拆卸螺丝

（4）拆卸左右前大灯螺丝。

（5）取下前保险杠。如图 2-5-23 所示，操作人员可用一只手扶住前保险杠的边缘，另一只手轻轻地将保险杠往上抬一些，并慢慢地往外掰，这样前保险杠就与导槽分离开。然后拔掉左右两边雾灯的线束，把前保险杠拆卸下来。

图 2-5-23　使保险杠与杠槽脱离

2. 翼子板的拆装

翼子板的拆装步骤如下：

（1）先发动汽车向右打满轮，再熄火并拔下车钥匙，然后打开引擎盖，断开蓄电池负极。如图 2-5-24 所示。

（2）用十字螺丝刀拆下前保险杠上面的 4 个螺丝。

（3）用 5 mm 内六角扳手拆下前保险杠侧面的 2 个螺丝。

（4）用十字螺丝刀和 7 mm 套筒拆下前保险杠蒙皮右侧底下的 3 个螺丝。

（5）用十字螺丝刀和 7 mm 套筒拆下翼子板的 3 个螺丝。

（6）拨开防溅罩，如图 2-5-25 所示。

图 2-5-24 断开蓄电池负极

图 2-5-25 拨开防溅罩

（7）用小棘轮扳手、接杆和 7 mm 套筒拆前保险杠底部的螺丝。

（8）用方形螺丝刀和 7 mm 套筒拆下翼子板及保险杠连接的螺丝。

（9）用大棘轮扳手和 10 mm 套筒拆下前大灯后面的 4 个螺栓。

（10）拆下前大灯总成的插头。

（11）拆下前大灯总成，如图 2-5-26 所示。

（12）拆下防溅罩与翼子板连接的螺丝，翼子板即可拆下，如图 2-5-27 所示。

（13）安装按照相反顺序进行即可。

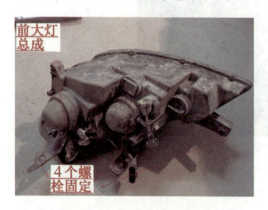

图 2-5-26 拆下前大灯总成

图 2-5-27 拆下左前翼子板

3. 汽车天窗的拆装

汽车天窗的拆装步骤如下：

（1）拆卸天窗饰板总成。

（2）拆卸滑动天窗玻璃总成。先用梅花扳手，拆下螺钉；然后向上拉出玻璃，将天窗玻璃拆下。

（3）拆卸滑动天窗防水条。

（4）拆卸滑动天窗驱动齿轮总成。注意：拆下驱动齿轮时保证滑动天窗完全关闭。

①断开连接器。

②拆下螺栓和驱动齿轮。

③拆下螺钉和凸轮盘盖。

④如图2-5-28所示，转动驱动齿轮对齐点记号。

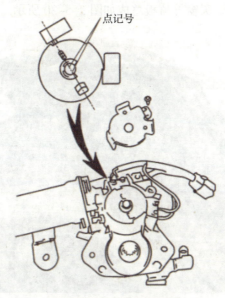

图2-5-28 对齐点记号

⑤装上凸轮盘盖和螺钉。注意：如果安装时滑动天窗完全关闭的位置和驱动齿轮的相对位置没有排列成一直线，会造成滑动天窗无法工作。

（5）拆卸滑动天窗支架总成。滑动天窗支架总成如图2-5-29所示。

①从支架上断开排水管。

②拆下螺栓、螺母和支架。

图2-5-29 滑动天窗支架总成

（6）拆卸滑动天窗挡板。

（7）拆卸遮阳板总成。向后移动遮阳板，然后将其拆卸。

（8）拆卸天窗后流水槽。

（9）拆卸左侧滑动天窗驱动电缆。向后移动电缆，然后将其拆卸。

（10）移动驱动电缆，拆卸滑动天窗驱动电缆。

（11）拆卸导流板总成。天窗导流板总成如图2-5-30所示。

图2-5-30　天窗导流板总成

（12）拆卸滑动天窗电缆控制盒。

（13）拆卸滑动天窗轨道总成。

（14）安装：按照拆卸相反顺序进行。

六、后备厢盖的拆装与调整

1. 后备厢盖的拆装

后备厢盖的拆装步骤如下：

（1）开启后备厢盖，用塑料卡扣拆卸器拆下后备厢盖隔音垫，如图2-5-31所示。

（2）拆卸后备厢盖锁。

（3）拆卸后备厢盖外开启手柄及相关组成零部件。

（4）拆卸电缆线束。

（5）拆卸后备厢盖镀铬装饰条。

图 2-5-31　拆卸后备厢隔音垫

2. 后备厢盖的调整

后备厢盖的结构如图 2-5-32 所示。其调整步骤如下：

（1）用铰链来对后备厢盖进行高度和纵向调整。

（2）调整缓冲块 2。

（3）调整碰锁。

①用手拧紧螺母 7（但碰锁仍能动）。

②上后备厢盖使之后端板平齐。

③打开后备厢将螺母 7 拧紧。

（4）按间隙尺寸调整后备厢盖。

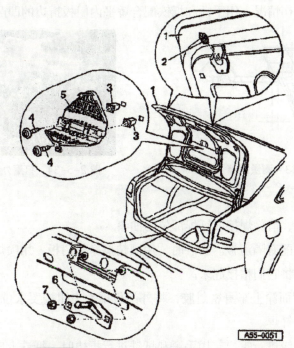

图 2-5-32　汽车后备厢盖结构示意图

1—后备厢盖；2—缓冲块；3—膨胀螺母；4—自攻螺母（5N·m）；5—支架；6—张紧器；7—六角螺母

七、车门及其附件的拆装与更换

车门是车身的一个独立总成,一般是通过铰链将车门安装在车身上。车门要反复地开启和关闭,对装配间隙提出了更高的要求。这些也是在维修过程中较难把握的工艺。

1. 车门的拆卸

在车门拆卸之前,检查车门变形情况(如门与门框的间隙大小、车门铰链是否弯曲等);检查车门面板是如何固定到门框上的,以便确定必须拆卸多少内部金属构件;拆下车门内装饰面板并断开车门内的线路。

从车门上拆下所有的金属构件,将拆除的零件放在安全的地方;拆卸车门附件后,将车门从门框上拆卸下来,并将它移到适当的工作区域。用氧—乙炔焊炬和钢丝刷清除板件边缘焊点上的油漆,用钻头、点切割器或砂轮除去焊点。

2. 拆除损坏的面板

(1)在门框上贴上标记条,分别测出外板边缘到标记条下边线的距离和外板边缘到门框的距离,如图2-5-33所示。

(2)用砂轮切割机剔除外门板与内门板之间的钎焊。打磨外门板边缘折边的转角处,但不能打磨到内门板上,仅需磨掉外缘使其断开即可,如图2-5-34所示。

(3)用手锤和錾子将外门板与内门板分离,用砂轮切割机打磨掉残留的焊点、钎料和锈斑。检查内门板损伤情况,用手锤和抵铁配合矫平内门板折边的凹凸部位。

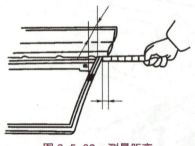

图2-5-33 测量距离

图2-5-34 打磨外门板边缘折边

3. 新面板的安装

(1)钻出塞焊孔,清除焊接或钎焊部位的油漆。

(2)有些外门板配有隔声板。安装时,用酒精擦净外门板,用喷灯对隔声板和外门板同时加热,用胶黏剂将它们粘接起来。

(3)在外门板背面涂上车身密封胶,将外门板用大力钳按要求位置固定到内门板上,对需钎焊的部位进行钎焊。

(4)对外门板边缘进行折边。用手锤和抵铁进行折边时,抵铁上应包一层布以免划伤外门板。折边分三步逐渐进行,当折边至30°后,用折边钳收尾,收尾也须分三步进行,同时应防止外门板变形,如图2-5-35所示。

（5）焊接车门玻璃框，再对折边进行定位焊。

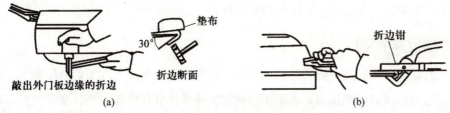

图 2-5-35 折边处理
(a) 用手锤和抵铁进行折边；(b) 用折边钳收尾

4. 安装车门

将车门装到轿车上，调整车门与门框的配合间隙。

（1）车门的上下调整。把一个木块放到车门下，松开车门铰链固定螺栓，用千斤顶或撬棍升高或降低车门，在每个铰链上固定一个螺栓，使车门前移的内外位置不发生改变。放下千斤顶，检查车门是否与门框紧密配合对中，如图 2-5-36 所示。

（2）车门的前后调整。首先调整最上部的铰链，然后调整最下部的铰链。也可以先调整下部的铰链，然后再调整上部的铰链，直到得到合适的间隙为止，如图 2-5-37 所示。

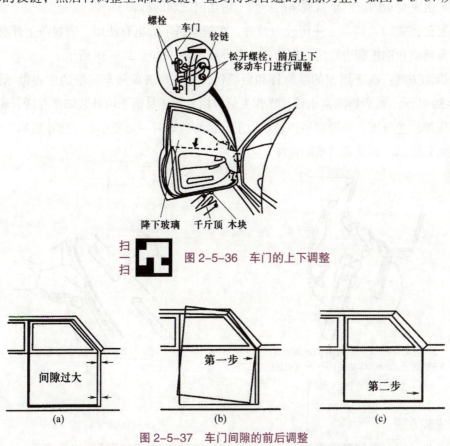

图 2-5-36 车门的上下调整

图 2-5-37 车门间隙的前后调整
(a) 前移车门；(b) 在上端铰链处前移车门；(c) 在下端铰链处前移车门

5. 安装车门附件

待车门喷漆后，安装车门装饰条和密封条。

八、车窗玻璃的更换

玻璃的安装不仅起到密封的作用，更关乎乘客的生命安全。在人们的印象中，轿车玻璃往往只起到挡风遮雨的作用，玻璃所起到的安全作用往往会被忽视。实际上，车窗玻璃尤其是挡风玻璃的安装质量至关重要，但其重要性一直也没有引起人们的重视。

轿车上的车窗玻璃有固定式玻璃和角窗上的固定玻璃——可移动玻璃两种形式。固定式玻璃包括前车窗、后车窗；角窗上的固定玻璃——可移动玻璃包括前后车门上的玻璃以及带天窗车型的天窗玻璃。

1. 固定式车窗玻璃的更换

固定式车窗玻璃有密封条固定的车窗玻璃和胶粘法固定的车窗玻璃两种。现代轿车上大多采用胶粘法固定的车窗玻璃。

前后窗玻璃就是以胶粘法连接方式与车身进行粘接的。通过粘接，提高车辆的扭转刚性。

（1）由密封条固定的车窗玻璃的拆装（前挡风玻璃的拆装）。

密封条法在旧式轿车上使用较为普遍，在新型轿车上也有使用。密封条上开有沟槽，用来装夹玻璃和钢板翻边固定，有的还装有外装饰条，如图 2-5-38 所示。

①拆卸方法：拆下周围的装饰件和后视镜，在车窗玻璃和车窗框的中心做标记，如图 2-5-39 所示。然后拆除刮水臂。操作人员应用专用工具拆下内外装饰条并撬开密封条，使其与压焊法兰分离，慢慢将风挡玻璃取下。拆卸玻璃时一定要小心，防止玻璃发生大弧度的扭曲和振动，而造成玻璃的损坏。

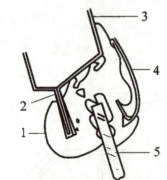

图 2-5-38　密封条的装配
1—密封条；2—压焊法兰；3—车顶盖板；
4—外装饰条；5—玻璃

图 2-5-39　做中心标记

②安装方法。

第一步：用溶剂清理窗框法兰上的污物和残留的密封胶，安装垫块和垫条。小心地将玻璃安放到垫块上，检查安装位置并对中。玻璃定好位后，用纸胶带做好标记，然后沿玻璃周边将胶带切断，把玻璃放置在一边。在正式安装时，使窗框上的胶带对准玻璃上的胶带来定位，如图 2-5-40 所示。

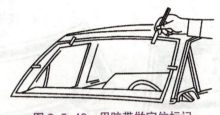

图 2-5-40 用胶带做定位标记

第二步：将玻璃的边缘和密封条清理干净。把密封条安装在玻璃上，并沿密封条的凸缘槽内埋入预先准备好的尼龙软线。塞线时应从玻璃的顶端开始塞，使线的两端在玻璃的下缘中部汇合，用胶带把线的末端粘贴到玻璃的内表面上，如图 2-5-41 所示。

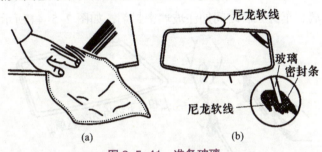

图 2-5-41 准备玻璃
(a) 清洁玻璃；(b) 装上密封条并埋入软线

第三步：密封条凸缘槽和窗口压焊法兰的边缘上涂抹肥皂水。在车外用手掌压住密封条的同时，于车内玻璃下部的中间部位起，牵拉装玻璃用的尼龙作业线，风窗玻璃随之被镶装在车身的压焊法兰上，如图 2-5-42 所示，应注意按标记胶带调整对位。拉线时应从玻璃的下缘开始，使密封条进入位置，然后侧缘，最后是上缘。线的两端要同时拉，否则玻璃容易破裂。

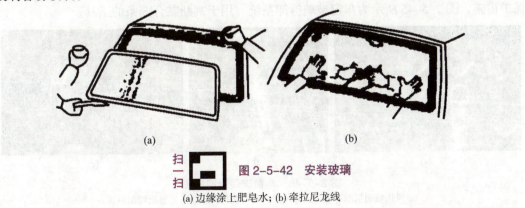

图 2-5-42 安装玻璃
(a) 边缘涂上肥皂水；(b) 牵拉尼龙线

为使橡胶条、玻璃、窗口三者之间贴合紧密，操作人员在镶装过程中可用手掌从外部轻轻拍打玻璃。确认安装合格后，沿密封条周围贴上胶带纸，以防止涂胶过程中或密封胶挤出后弄脏玻璃和车身油漆，如图 2-5-43 所示。

图 2-5-43　确保玻璃安装合格
(a) 用手掌从外部轻轻拍打玻璃；(b) 沿密封条周围贴上胶带纸

在橡胶条、玻璃、车身三者之间加注玻璃密封剂，如图 2-5-44 所示。

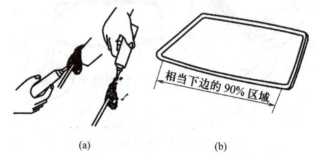

图 2-5-44　加注密封剂
(a) 沿密封条两边加注密封剂；(b) 不加密封剂的区域

（2）由胶粘法固定的车窗玻璃的拆装（后窗的拆卸和安装）。

①车窗玻璃的拆卸步骤如下。

第一步：首先拆除玻璃嵌条和所有应拆除的元件。切割黏合剂必须使用专用的工具和保护措施，图 2-5-45 所示为车窗玻璃拆卸系统，用于割断黏合剂条的工具。

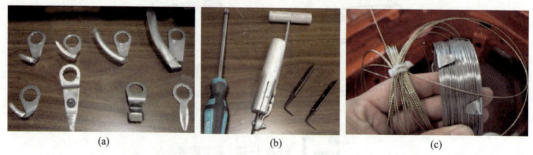

图 2-5-45　车窗玻璃拆卸系统
(a) 风挡玻璃切割弯锯片；(b) 风挡玻璃切割拉片；(c) 风挡玻璃切割钢丝

第二步：将卷盘固定在玻璃的内侧，切割时先用钢丝牵引头将原黏合剂钻透，将切割钢丝穿过并固定在卷盘上。通过钢丝将黏合剂割断，如图 2-5-46 所示，黏合剂条应尽可能贴着车窗玻璃周围被切下。车身开口处的（以及在重复使用时，在车窗玻璃上的）残余黏合条被切下的厚度约为 0.5 mm。

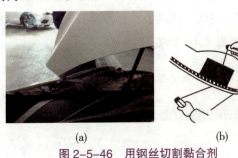

图 2-5-46　用钢丝切割黏合剂

②玻璃安装前的准备：为了保证长期的防腐蚀功能，务必按照维修说明对损坏的油漆膜进行修补。

第一步：用酒精清洁车身开口处黏合区域，至少保持 1min 的干燥时间（在涂覆残余黏合条时，至少 15 min）；将油漆活化剂涂覆到油漆和残余黏合条上，至少保持 1min 的干燥时间（在涂覆残余黏合条时，至少 10 min）。

第二步：用酒精清洁车窗内侧的边缘区域，保持至少 1min 的干燥时间；涂上一层薄薄的玻璃活化剂，保持至少 10 min 的干燥时间。

③涂敷黏合剂：如果没有车窗玻璃安装的标准尺寸，涂胶前应将风窗玻璃放到窗口定位，并做出准确安装位置的定位标记，如图 2-5-47 所示。

将黏合剂筒装入黏合剂枪中，拆下封口，并将黏合剂的两个组分挤出。均匀地刮去黏合剂组分，并装上混合管。压出约 50 mm 的试验黏合剂条，如果是热粘接，则应注意在试验条中是否有气泡产生，如果没有气泡，则应立即将黏合剂涂覆到黏合面上。在涂覆黏合剂条时，中断时间不得超过 5s，并保持黏合剂筒垂直于黏合面。用刮刀将黏合剂涂在黏合面上，涂层厚度约 2 mm（根据粘接缝隙），如图 2-5-48 所示，用纸张或抹布清除多余的黏合剂。

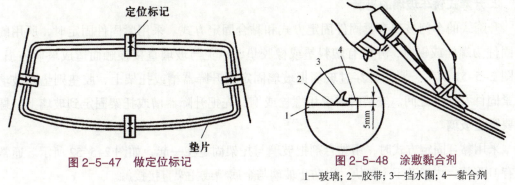

图 2-5-47　做定位标记　　图 2-5-48　涂敷黏合剂

1—玻璃；2—胶带；3—挡水圈；4—黏合剂

在涂覆了黏合剂后,应检查后部的黏合剂筒上是否有一个黏合剂组分排出。如果有,则应停止粘接,清洁新零件,使用新的黏合剂筒。混合后黏合剂的使用期约为 2h,只有当在 1h 内没有黏合剂流过混合器的情况下,才需要更换混合器。

④后窗的安装:塑料胶带的黏合区域必须保持无油脂、无尘。首先安装橡胶密封带,同时注意中点标记,然后按照以下说明,用两个吸力装置小心地装上后窗,如图 2-5-49 所示。

a. 上部在距车顶边缘的距离(A)处安装。

b. 侧面均匀校正。

c. 下部装入并按上。

d. 向上推,直至达到与车顶边缘距离 $A=5$ mm 为止。

e. 用塑料胶带固定。

f. 压住下部,直到橡胶密封带均匀贴紧为止。

后窗位置必须比车顶外蒙皮低,只有这样才能避免风噪声。将专用工具 510010 根据不同与尺寸(A)固定在车辆中部,并检查后窗的高度差,如图 2-5-50 所示。

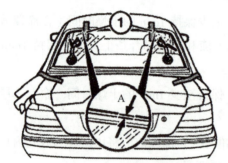

图 2-5-49 后窗的安装
1—塑料胶带;A—距车顶边缘的距离

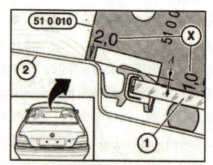

图 2-5-50 对后窗上部进行预压紧
1—风窗玻璃;2—车顶;A—高度差;X—测量挡

后窗玻璃高度差(A):$A=3.2$ mm ± 1 mm;X= 测量挡 1~4 mm

⑤密封性能试验:待黏合剂基本硬化后,再进行水密封性能试验。如有渗漏时,可使用黏合剂进一步加以密封。

2. 升降式轿车玻璃的拆装

升降式的车门玻璃有紧固件固定方式和黏合固定方式。采用紧固件固定时,所用的紧固件为螺栓或铆钉,并配有塑料垫或橡胶垫,以免与玻璃直接接触而造成玻璃破损。如图 2-5-51 所示,紧固件穿过玻璃把玻璃固定到升降器槽或托架上,胶垫则垫在玻璃与紧固件及托架之间。安装时需要用螺栓或铆钉先把升降器槽或托架固定到玻璃上,螺栓要穿过玻璃。

采用黏合固定方式时,用黏合剂把玻璃与托架固定在一起,如图 2-5-52 所示。通常设有 U 形槽,内置若干个垫块,以防止玻璃与金属槽或托架直接接触。

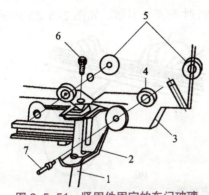
图 2-5-51 紧固件固定的车门玻璃
1—导轨；2—托架；3—玻璃；4—垫块；
5—夹持衬板；6—螺钉及垫圈；7—铆钉

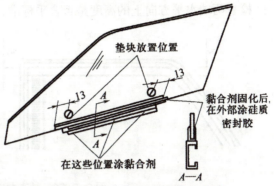
图 2-5-52 黏合固定的车门玻璃

① 车门玻璃的拆卸：依次拆下与玻璃相关的部件，如摇柄、门锁拉手、内饰板、玻璃托架和密封条等。拆卸车门窗玻璃应先使其移动至安装位置，在这个位置下才能够到车窗升降机上的车窗玻璃固定螺钉。拆下玻璃托槽固定螺栓，将玻璃取出，如图 2-5-53 所示。

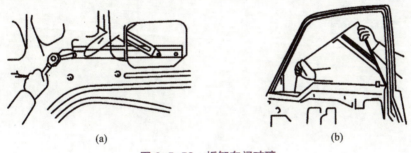
图 2-5-53 拆卸车门玻璃
(a) 拆下玻璃托架；(b) 取出玻璃

② 车门玻璃的安装。

a. 将玻璃安放到固定夹内，将玻璃托槽与升降器连接，如图 2-5-54 所示。在车窗玻璃完全关闭的状态下按规定扭矩拧紧螺钉。

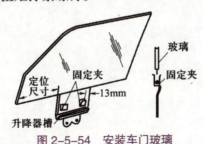
图 2-5-54 安装车门玻璃

b. 检查两端水平方向上的高度是否合乎标准，将密封条装卡牢靠，如图 2-5-55 所示。

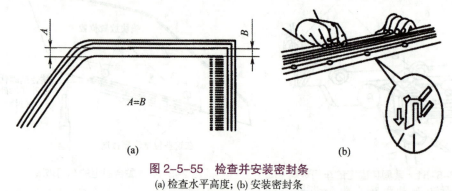

图 2-5-55　检查并安装密封条
(a) 检查水平高度；(b) 安装密封条

汽车玻璃安装任务工单

汽车玻璃安装	姓　名		班　级	
	日　期		成　绩	
任务目的	1. 掌握玻璃拆装工具的使用方法； 2. 掌握胶条固定车窗玻璃的拆装方法； 3. 掌握胶粘式车窗玻璃的拆装方法； 4. 掌握移动式车窗玻璃的拆装方法； 5. 掌握移动式车窗玻璃升降机构的检修。			
情景设置及要求	一辆丰田卡罗拉轿车的风挡玻璃炸裂，需要更换。并且其车门玻璃因为撞击也需要更换。根据车主要求更换原厂玻璃，要求玻璃的密封效果良好。			

一、任务准备

（一）固定式汽车玻璃的拆装

1. 由密封条固定的车窗玻璃的拆装

密封条的装配如图 2-5-56 所示。

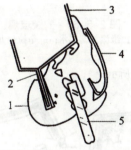

图 2-5-56　密封条的装配

1—密封条；2—压焊法兰；3—车顶盖板；4—外装饰条；5—玻璃

（1）拆卸方法

做中心标识（见图 2-5-57）。

（2）安装方法

用胶带做定位标记（见图 2-5-58）。

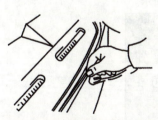 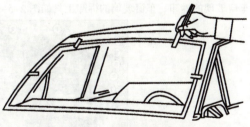

图 2-5-57　做中心标识　　　　图 2-5-58　用胶带做定位标记

续表

准备玻璃，如图 2-5-59 所示。

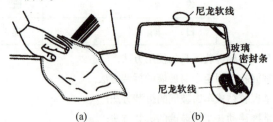

(a)   (b)

图 2-5-59 准备玻璃

(a) 清洁玻璃；(b) 装上密封条并埋入软线

安装玻璃，如图 2-5-60 所示。

(a)   (b)

图 2-5-60 安装玻璃

(a) 边缘涂上肥皂水；(b) 牵拉尼龙线

确保玻璃安装合格，如图 2-5-61 所示。

(a)   (b)

图 2-5-61 确保玻璃安装合格

(a) 用手掌从外部轻轻拍打玻璃；(b) 沿密封条周围贴上胶带纸

2. 由胶粘法固定的车窗玻璃的拆装

（1）车窗玻璃的拆卸。车窗玻璃的拆卸工具如图 2-5-62 所示。

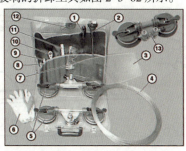

图 2-5-62 车窗玻璃拆卸工具

续表

用钢丝切割黏结剂（见图 2-5-63）。

图 2-5-63　用钢丝切割黏结剂

（2）玻璃安装前的准备
①车身开口处的油漆损坏。
②车身开口处黏结区域的处理。
③玻璃陶瓷表面的处理。
（3）涂敷黏结剂
先做定位标记，如图 2-5-64 所示。

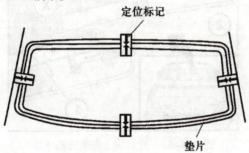

图 2-5-64　做定位标记

涂敷黏结剂，如图 2-5-65 所示。

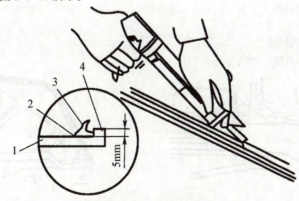

图 2-5-65　涂敷黏结剂
1—玻璃；2—胶带；3—挡水圈；4—黏结剂

（4）玻璃的安装（见图2-5-66）

图2-5-66 玻璃的安装
1—塑料胶带；A—距车顶边缘的距离

对后窗上部进行预压紧。

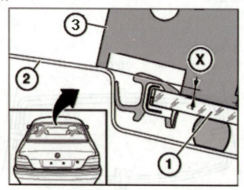

图2-5-67 对后窗上部进行预压紧
1—风窗玻璃；2—车顶；3—专用工具；X—高度差

（5）黏结剂的固化
（6）黏结剂的废弃处理
（7）密封性能试验

（三）升降式汽车玻璃的拆装

1. 车门玻璃的拆卸方法

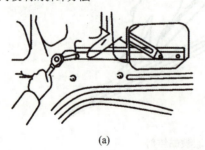
(a)

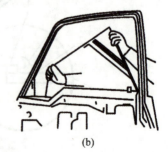
(b)

图2-5-68 拆卸玻璃
(a) 拆下玻璃托架；(b) 取出玻璃

续表

2. 车门玻璃的安装方法（见图2-5-69）

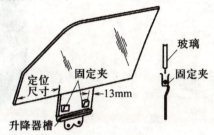

图2-5-69 车门玻璃的安装

检查并安装密封条，如图2-5-70所示。

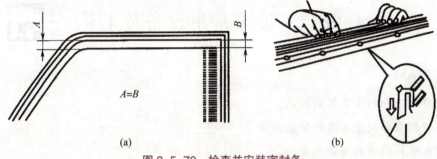

图2-5-70 检查并安装密封条
(a) 检查水平高度；(b) 安密封条

二、学生实训能力检验

教师安排4人一组，拆装用胶条固定的车窗玻璃（一汽丰田卡罗拉轿车前后风挡玻璃），并检查学生能否在规定时间内完成教师布置的任务。

三、能力测试

1. 现场操作丰田卡罗拉车窗玻璃的拆卸。

2. 固定式车窗玻璃更换应该注意哪些事项？

3. 升降式轿车玻璃在拆装过程中应注意哪些事项？

4. 简述汽车风挡玻璃炸裂的修复方法（可以通过网络进行查询）。

	检查评估		
序号	考核内容	配分	得分
1	工装是否符合标准	25	
2	玻璃拆装工具能否正确使用	25	
3	能否正确拆装升降式汽车玻璃	25	
4	能否正确检测升降式汽车玻璃的安装质量	25	

指导教师签字：_____

汽车喷漆工艺

任务一　喷漆常用设备及工具

学习目标

1. 了解刷涂和刮涂工具的种类。
2. 掌握刷涂和刮涂工具的使用方法。
3. 掌握喷枪的结构与保养方法。
4. 掌握喷枪故障的处理方式及喷涂使用方法。
5. 了解喷漆设备的结构并掌握其使用方法。
6. 掌握涂装前构件表面的处理方法。

理论知识

涂料的选择对汽车车身涂装品质起着举足轻重的作用。车身表面涂装质量的优劣要通过维修作业者的努力来实现。车身涂装所使用的工具、设备、作业环境以及涂装前的准备等，都是影响车身涂漆品质的关键性因素。

一、喷漆室与烤漆房

喷涂室和烤漆房是汽车涂装中主要的设备之一，它对净化环境、保证施工者的健康和提高涂装品质都有帮助，对缩短工期更是起到了极其重要的作用。喷涂室和烤漆房种类很多，这里仅介绍常见的几种。

1. 普通喷涂室

普通喷涂室一般为单体死端式，根据使用不同分为大、中、小三种。在喷涂过程中，漆雾在抽风机的作用下经过滤器，从而使漆雾被粘住并留在过滤器中，空气经过风道排出室外。这种喷涂室结构简单，成本较低，涂料消耗量小，涂覆效率高。缺点是漆雾不能很快排出，容易粘在室内壁上，过滤网耗量大，需经常更换；风机、风速等部件易被污染，易燃性较大，仅适用于小件或小批量喷涂。

2. 汽车喷涂烘房

汽车喷涂最可靠的方法是在图 3-1-1 所示的封闭式喷涂、烘漆房内施工。这种类型的喷涂房不仅密封良好，而且还附加了带有过滤系统的强制换风装置。使用时开动引风机，可以将过滤的新鲜空气不断送至喷涂室，再通过设在地板上的滤网过滤后排入大气。清净的通风效果既有利于操作（能见度好），又改善了操作人员的作业环境。

图 3-1-1 喷涂烘房的基本形式
(a) 通过式喷涂房；(b) 尽头式喷涂房

喷涂烘房设计合理，结构先进，它应用电子技术进行温度自动控制，可根据需要显示烘烤过程中的温度、时间，在结构上采用过压原理，室内风压高于室外 4~12Pa，使灰尘不能进入室内。外部空气进入室内已经多次过滤，空气净化程度较高。

喷涂烘房能启动热交换器并使其工作，不仅可以改善喷涂室内的温度，还可将其调整到所需的烘干温度，对车身涂层进行烘干。升温过程中打开二次循环阀门，可使新吸入的冷空气得到预热，大大提高了喷涂烘房的温升效果（见图 3-1-2）。

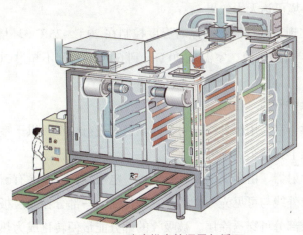

图 3-1-2 喷涂烘房的通风与循环

在烘烤过程中,空气循环加热每次仅需补充10%的新空气,热量利用率高,节约能源;废气经过滤后排出室外,排放符合环保标准要求;操作简单,温控均匀、适度且保温性能好;美观大方并使喷涂工作环境舒适。

喷涂烘房基本结构如图3-1-3的所示。它由镀锌铁板压制的框架构成,全体框架内均有加强肋并用螺栓连接。室体壁板用聚氨酯泡沫夹心板制成,保温性能好。喷涂烘房的进出由三扇小门组成,供车辆进出并且门上安有门栓和可调节的安全弹簧锁。当房内压力过大时,安全防压门便会自动打开,避免房内压力过大而发生意外。门的夹层装有隔热保温层,过滤层网均采用钢丝网,过滤棉层用w2-OP-1型滤布,其净化效率高,阻力低,容尘量大。

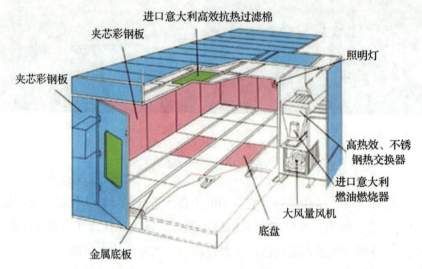

图3-1-3 喷涂烘房的基本构造

照明灯管安装在侧壁板上面,两个面上共8组,每组由4支40W日光灯管组成,室内光线明亮,工作环境可达无影效果。

室内温度可以实现自动控制,喷涂时温度控制在20℃~25℃(环境温度≤25℃),烘烤温度最高为80℃。升温迅速,室温从20℃升到60℃的时间不超过20 min(环境温度为20℃时)。

3. 远红外线喷涂烘干室

远红外线喷涂烘干室采用红外线辐射板或辐射管进行烘干。烘干室根据设计要求确定尺寸大小,分小件烘干和整车烘干等多种。

板式远红外线辐射器,由金属框架、石棉板、电阻丝,以及涂有硫化物和碳化物等涂层的辐射板组成。红外线与可见光一样都是直线传播,一部分在涂层板面上被反射,一部分被涂层吸收,其余部分可穿透涂层。被吸收的部分能量便转化成为热能,使物体的温度升高。被吸收的能量越大，温度升高也越快。由于红外线具有穿透能力，可以使涂层上、下及底材均匀吸收得到加热（见图 3-1-4）。

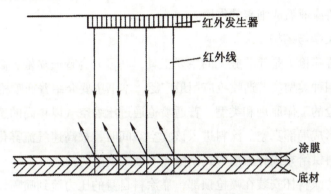

图 3-1-4　红外线加热干燥原理

辐射板每块分 0.8~1.5 kW 等多种规格，可根据烘干室的体积和尺寸安装不同数量的辐射板。使用远红线烘干（见图 3-1-5），具有升温快、干燥时间缩短、方法简便、投资费用低、节约能源等优点。涂料干燥过程中，内外可同时吸收辐射线，使加热均匀且内外温度一致。

图 3-1-5　红外线辐射式烘漆房

需要指出的是，在正式喷涂前一定要将车身清洗干净、烘干并用压缩空气吹净。否则，喷涂作业时会使车身上的粉尘飞起而影响室内空气质量，使净化工作前功尽弃。

二、空气喷涂系统

空气喷涂系统主要是指供气系统和喷涂、烘漆设施等。供气系统和喷涂环境是车身喷涂作业的主要设备，它们对车身涂装品质有至关重要的影响。

(一)喷涂工具

喷涂工具是车身涂装作业中所不可缺少的重要工具。车身涂漆主要采用空气喷涂的方法,喷漆枪起着将漆液喷成细雾的作用。

1. 喷漆枪的类型与结构

喷漆枪(简称喷枪)是涂装施工的主要工具,其可分为普通喷枪、高压喷枪、无空气喷枪和静电喷枪四种类型。普通喷枪应用最广泛,本书主要介绍普通喷枪。

(1)普通喷枪的工作原理和类型。普通喷枪通过压缩空气以很高的速度从喷枪喷嘴流过,在喷嘴周围形成局部真空。涂料进入该真空空间时,被高速气流雾化,喷向工件表面形成漆膜。按涂料供给方式分为重力式喷枪和下吸式喷枪两种。

重力式喷枪的涂料杯安装在喷枪顶部,靠涂料自身的压力流到喷嘴,与空气气流混合喷出。重力式喷枪的口径为 0.5~2.5 mm。

下吸式喷枪的涂料在喷枪下部,其又分为对嘴式和扁平嘴式。对嘴式喷枪喷出的圆形漆雾量小,适合涂小型物件和局部补漆、喷涂图案等,口径为 0.5~2.5 mm。

此外,还有扁平式喷枪。扁平式喷枪多为较大型喷枪,出漆图样可调成圆柱形、纵向扇面形、横向扇面形,适合大面积喷涂。喷枪口径为 1.3~2.5 mm。

(2)喷枪的结构。下吸式喷枪的结构如图 3-1-6 所示。使用时用手扣动扳机,阀杆即被推开使压缩空气道开放,继而出漆孔的针阀相应打开,压缩空气的高速流动使漆液随之喷出。调整喷漆量控制螺钉,可改变混合比的大小;调整辅助空气调节螺钉,可获得不同程度的雾化形状及漆流。

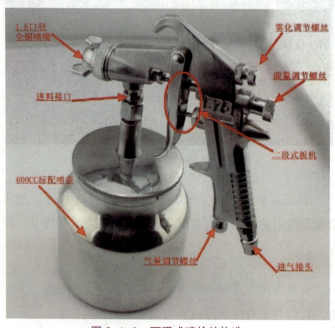

图 3-1-6 下吸式喷枪的构造

喷枪结构分为涂料流出部分、空气输入与输出部分、控制调节部分和储漆部分。

（1）涂料流出部分，主要包括出漆管、出漆管螺栓、密封垫、涂料喷嘴。

（2）空气输入与输出部分，主要包括枪身、空气体通道、螺栓、空气螺母。

（3）控制调节部分，主要包括空气调节阀、图样调节螺栓、针阀、涂料调节螺栓、扳机、空气控制阀、密封垫。

（4）储漆部分，主要包括漆罐、密封垫。

2. 喷枪的选择和正确使用

（1）喷枪的选择。选择喷枪时要根据喷涂物件的大小、涂料的品种以及喷涂的品质等级标准来考虑。

被涂装的物件大，需选用口径较大的喷枪，出漆量大，速度快。喷涂品质要求高时，要选择出漆嘴雾化好的喷枪。但物件大，品质要求不高的，选用雾化好的喷枪反而会影响效率。

涂料用量少、喷涂物件面积小而颜色种类又多时，使用大喷枪会造成浪费。应选用重力式喷枪，它装漆容量少，换颜色方便，清洗漆壶时可以节省稀释剂。

喷枪的口径越大，需用的空气压力越大，喷出的漆料越多，需用漆的黏度越高。喷漆枪的口径大小与喷枪嘴的空气帽的风孔是互相配合的，空气帽分为多孔型和少孔型。多孔型的空气帽，空气用量大，雾化性能好，涂膜品质好。少孔型的空气帽，空气用量小，雾化性能差，适用喷涂品质要求不太高的物件。喷涂涂料的雾化程度与喷枪的口径大小、涂料的黏度、出风孔的排风量多少及排列角度等有关。施工者应根据不同品种的涂料选择喷枪嘴的口径和出风孔的多少，调好涂料的黏度。

（2）喷枪的正确使用。操作人员在使用前应检查喷枪工作是否正常，发现故障时要及时排除。喷枪较为常见的故障有：调整成扁形射流时仍喷出圆形漆雾，多为喷嘴两侧的辅助出气孔堵塞所致；喷射密度不均匀或自侧孔喷出漆雾，一般是因为喷嘴的环状空气通道不畅或出漆孔的针阀不正；喷涂过程中漆雾时断时续，主要由于出漆通道不畅的缘故。

使用喷枪时还应注意掌握好以下操作要点：

①涂料的种类。

②喷枪的口径。

③涂料的黏度。

④空气的压力。

⑤喷枪的枪嘴与物面的距离。

⑥运行速度。

⑦重叠面的多少。

上述操作要点是相辅相成的，操作者要全面灵活地掌握好。在同一种条件下，喷涂距离、运行速度、重叠面的多少是喷涂操作的三要素。如果改变了条件（如涂料的种类），即使喷枪的口径一样，涂料的黏度、喷涂距离、运行速度、重叠面都需要相应进行改变。在同一条件下，三要素的掌握是比较严格的。如果改变了某种条件，操作的三要素需相应调整。

（3）喷涂方法。根据涂料品种不同和物件几何形状的差异，实际选择喷涂方法时常采用以下几种方法。

①横向喷涂法。喷涂图样呈直线状，操作人员右手执喷枪，从左上侧开始，按动扳机，从左向右进行。当行至一个接面的距离时（距离由个人掌握，一般以800~1 000 mm为宜），迅速向下向左往返进行。接面可根据涂料品种自行掌握，一般为1/2、1/3、1/4。当喷完一个面后再顺序喷另一个面。也可以从相反方向进行，即从操作者右下侧向上喷涂。

②纵向喷涂法。方法与横向喷涂法相似，喷枪嘴图样改为水平方向，喷枪从左上方或右上方往下往返运行，也可以从右下方或左下方往上往返运行。

③纵横交叉法。喷涂时第一遍纵向往返喷涂，第二遍时横向往返喷涂，每遍都要改变图样的方向。

④横向双重法和纵向双重法。喷涂方向不变，第一遍喷完后，再按原来的方法喷涂。以上各种操作方法应根据涂料的品种随机选用。

3. 喷枪的维护

（1）喷枪用完后应立即用溶剂洗净，确保漆液通道不残留漆液，先用溶剂喷洗一次。在喷洗时可用手指堵住喷嘴和风孔，让溶剂回流，然后将溶剂倒出，再换干净溶剂按上述方法重洗，最后切断风源，用棉纱将外部擦洗干净。

（2）喷嘴、风帽、扳机等不容易擦净的地方，用毛刷仔细刷洗一次。风帽孔如有堵塞，应将风帽拆下浸泡在溶剂中，然后用风吹掉杂物。不要用钢丝或坚硬的细针去捅风孔，避免风孔损坏、变形，影响喷涂图样，造成喷枪不好用。

（3）喷枪暂时停用时，应将风帽拆下浸入溶剂中；各螺栓活动部位涂上黄油，保证下次使用时操作灵活。喷枪停用时，应放在安全的地方，注意不要撞坏。

（4）喷枪不能拆卸，也不能因表面有漆或脏物就全部泡在溶剂中，使胶垫破损变形，造成喷枪漏气或管道堵塞，进而影响正常使用。

三、压缩空气供给系统

（一）喷涂供气系统

1. 供气系统的组成

供气系统主要由空气压缩机、调压阀、分水滤气器（又称油水分离器）、储备罐、送风软管等组成。喷涂系统主要有喷枪、过滤网调漆桶、工作台等。

（1）空气压缩机。空气压缩机俗称气泵，分固定式和移动式两种。固定式气泵功率较大，适合大规模范围使用。现在的大型汽车维修企业由于风动工具应用较多，多采用此类供气设备。小型汽车维修中多使用移动式气泵，其移动灵活，使用方便。移动式气泵分单缸和双缸两种，它是用电动机带动空气压缩机曲轴、连杆，使活塞在气缸内作往返运动，产生气压并输送到储气缸内。

气泵使用时应放在阴凉、通风的地方，房间要有一定的空间。四轮垫好、放稳，查看润滑油量是否加到合适位置，打开放气阀门先进行运转，待运转一段时间后如无故障即可全负荷运转使用。

气泵在使用期间要检查安全阀是否正常，气压调节器是否准确及自动停车是否正常。在气泵使用250 h左右定期检查清洗一次，并根据气候温度情况及时放水。气泵长期停用，应将气缸上的气阀拆下保存，在气缸的活塞表面及开口处用油纸封好，以防锈蚀。

（2）调压阀。调压阀的主要功能是调整空压机输送的空气压力并使其恒定在规定的范围以内。其构造与工作原理如图3-1-7所示，压力正常时压缩空气经输入口、进气阀后输出；由于有旁通孔而使平衡气室的压力与之相等。

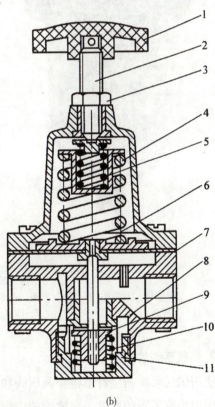

(a)   (b)

图3-1-7　QTY型调压阀

(a) 调压阀实物图；(b) 调压阀结构图

1—调整手柄；2—调整杆；3—锁紧螺母；4—工作弹簧；5—管道弹簧；6—溢流阀座；7—膜片；8—下壳体；
9—阀杆座；10—弹簧；11—"O"形圈

当输入、输出压力增大时,平衡气室的压力也随之提高;在膜片的作用下平衡弹簧被压缩,进气阀座连同阀杆一起被底簧推至关闭位置,输出端的压力量降低。当输入端气压提高时,平衡气室的压力也会相应提高;在膜片上移并带动阀杆及进气阀上移、关闭。超过一定压力时溢流阀还会起一定作用,以避免输出端压力过高并消除输出端气压的脉动幅度。

(3)分水滤气器。它主要起水气分离和过滤空气的作用,为喷漆枪提供纯净而干燥的空气,其构造如图 3-1-8 所示。叶片旋风式分水器能有效地将微小水滴从压缩空气中分离出去;铜珠烧结的多孔过滤杯,能够滤掉空气中的污垢。

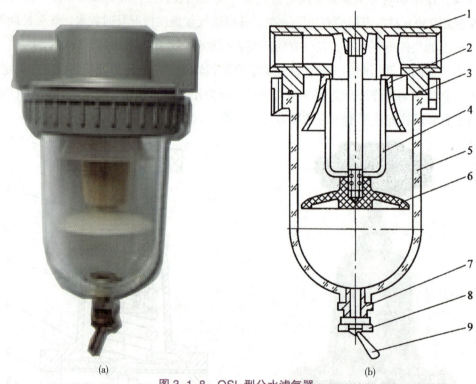

图 3-1-8　QSL 型分水滤气器
(a) 分水滤气器; (b) 分水滤气器结构图
1—壳体; 2—铝杯; 3—"O"形圈; 4—多孔过滤杯; 5—存水杯; 6—挡水板; 7—放水阀座;
8—放水接头; 9—放水手柄

2. 供气系统的检查

使用供气系统前应着重检查调压阀和分水滤气器的工作状况。不同型号的喷漆枪,对供气压力均有不同的要求,在喷涂前应按说明书的规定预先调好。如无标准可循时,可依经验方法判断:喷射力过剧并产生强烈的雾状时,一般为空气压力过高且漆液的输出量不足;反之,则由于空气压力调节过低所致。

旋转调整调压器手柄，可使平衡弹簧的作用力迫使进气阀杆下移，进气阀被推开使输出端压力也相应提高，直至平衡气室的压力与平衡弹簧相平衡为止，输出端的压力再次恒定在一个新的调高压力上。反之，当调整阀杆旋出时，平衡弹簧的作用力也相应减弱，平衡气室的压力相对低一些，使其可将进气阀关闭，从而达到调低输出端气压的目的。

使用分水滤气器之前，要打开排水阀将存水杯中的污物放掉。每使用一段时间后，还应将多孔过滤杯和存水杯拆下，用汽油洗净、晾干。分水滤气器失效，会使喷涂后形成的漆膜产生水泡或麻点。

四、打磨设备

（一）打磨工具

打磨已由过去的手工打磨转入到半机械打磨方法，所使用的主要工具有以下几种。

1. 风动打磨工具

风动打磨工具主要有风动磨腻子机、风动砂轮、钢丝轮、抛光机（见图3-1-9）等。风动打磨工具的主要作用是清除钢铁表面上的铁锈、旧涂层、旧漆、打磨腻子、抛光、上蜡等，可减轻体力劳动、提高工作效率。

2. 电动打磨工具

电动打磨工具有电动砂轮、布轮、腻子打磨机（见图3-1-10）等。它的主要作用和风动打磨工具一样，但比风动打磨工具使用方便。使用电动打磨工具时操作人员必须穿戴好劳保用品和采取必要的安全保护措施，不要在潮湿环境中使用。

图3-1-9 抛光机

图3-1-10 腻子打磨机

（二）打磨材料

打磨材料是汽车涂装中不可缺少的材料。打磨材料包括砂轮、砂布、砂纸、抛光膏等。

1. 砂轮

砂轮主要是用来打磨腻子，质地较为粗糙。为了节省砂布、砂纸，在打磨头道和二道腻子时可先用砂轮片粗磨一下，可提高效率，节约材料。

2. 抛光膏（又叫砂蜡）

抛光膏是一种乳膏状物质，它是由硅藻土矿物油、蜡、乳化剂、溶剂、水等组成，分为水性和油性两种，颗粒有粗细之分。使用时应根据涂膜品质要求选用，在漆膜完全干燥后，将抛光膏涂在棉纱表面或涂膜表面，用手掌压住棉纱，用力在漆表面往返按擦，待漆膜表面平滑光亮后，用棉纱把余膏擦净。

用机械抛光时，可将抛光膏涂在软布轮表面，打开开关，按次序进行。注意：用机械抛光时动作要灵活，不可用力过大，要注意抛光物件的棱角处，防止抛光过度，磨漏物件。在使用抛光膏的过程中，如抛光膏太黏，可用煤油（指油性抛光膏）调稀后使用。

3. 砂布、砂纸

砂布、砂纸是处理底层除锈、打磨腻子的主要材料。砂布一般用布、胶、砂子制成。砂纸分水砂纸和木砂纸两种，是将磨料黏结在纸上制成的。木砂纸主要用于磨光木制品表面；水砂纸由于涂有耐水涂料所以不怕浸水，可以水磨。

砂布、砂纸的磨料主要有氧化铝粉（如刚玉、人造金刚砂等）。根据磨料的粒度大小分为多种规格（见表3-1-1）。砂布、砂纸的粒度（目）是指砂粒通过筛子时的单位长度（1in）的孔数，它已表明砂粒的细度。如砂粒大小为100目，即能通过每平方英寸为100个方孔的筛子（1in=0.025 4 m）。

表 3-1-1　砂布、水砂纸的规格和用途

砂布			水砂纸		
规格代号	粒度（目）	用途	规格代号	粒度（目）	用途
4/0	200	用于钢铁表面除锈，打磨木器家具表面，打磨底漆腻子、旧涂层等	150	100	用于底漆，腻子面漆或旧涂层进行湿打磨
			180	120	
1/0	180		200	140	
2/0	160		220	150	
			240	160	
0	140		260	170	
0.5	120				
1	100		280	180	
1.5	80		300	200	

续表

砂布			水砂纸		
规格代号	粒度（目）	用途	规格代号	粒度（目）	用途
2	60		320	220	
2.5	46		360	240	
			400	260	
3	36		500	320	
			600	400	
4	30		700	500	
5	24		800	600	
			900	700	
6	18		1000	800	

水砂纸规格代号是号数越大，粒度越细。砂布及木砂纸则和水砂纸相反，即号数越大，砂粒越粗。

喷枪操作及喷涂方法任务工单

喷枪操作及喷涂方法	姓 名		班 级	
	日 期		成 绩	
任务目的	1. 掌握喷枪的使用方法； 2. 掌握涂料喷涂过程中漆面出现的各种问题的解决办法。			
情景设置及要求	使用萨塔喷枪在一辆丰田卡罗拉轿车的车门、发动机舱盖、后备厢等地方进行喷涂练习。并掌握喷涂扇面调整、气压调整、涂料颗粒大小的调整等实训项目，分析出现流淌、橘皮、针眼等漆面问题的原因。			

一、任务准备
（一）常见空气喷枪的种类
　　按照供料方式的不同，常见的空气喷枪主要分为以下三类，如图 3-1-11 所示。

图 3-1-11　喷枪的种类
(a) 重力式喷枪（又叫上壶喷枪）；(b) 虹吸式喷枪（又叫下壶喷枪）；(c) 压送式喷枪

（二）常见喷枪的结构
　　1. 喷枪的外部结构如图 3-1-12 所示。

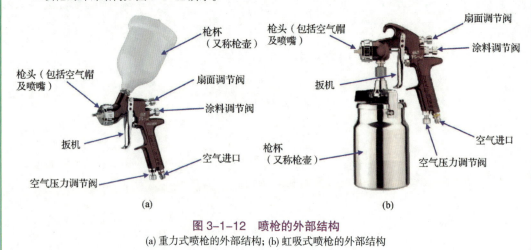

图 3-1-12　喷枪的外部结构
(a) 重力式喷枪的外部结构；(b) 虹吸式喷枪的外部结构

续表

2. 喷枪的内部结构如图 3-1-13 所示。

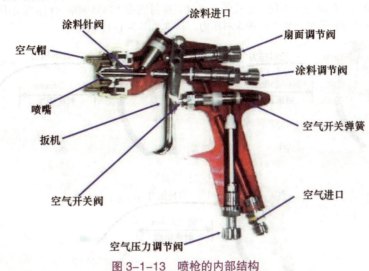

图 3-1-13　喷枪的内部结构

（三）喷枪启用操作流程——初始调整

1. 将涂料调节阀按顺时针方向旋至尽头，以防止枪针移动。
2. 将扇面调节阀按逆时针方向旋至尽头，将阀门完全打开。
3. 扣紧喷枪扳机，调节进气气压至 2.0Pa。
4. 逆时针旋转涂料调节阀，直到第一圈螺纹露出。如图 3-1-14 所示。

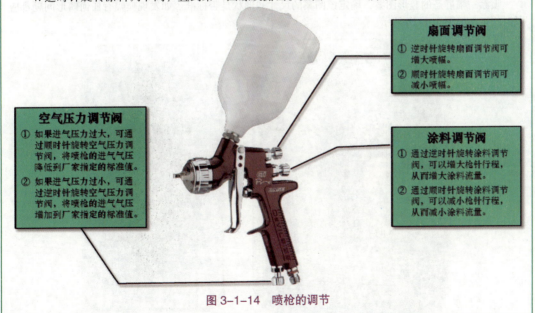

图 3-1-14　喷枪的调节

续表

（四）喷枪启用操作流程——设定压送式喷枪的涂料压力

压送式喷枪由于供料方式不同，往往需要通过观察射流的距离来调整涂料供应的压力。采用不同雾化方式的压送式喷枪需要设定不同的涂料压力，具体如图3-1-15所示。

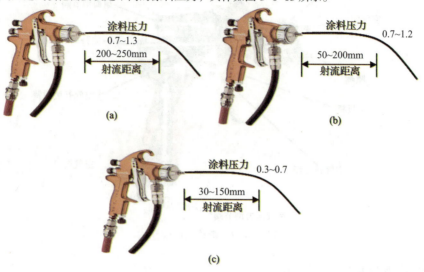

图 3-1-15　涂料压力

(a) 传统压送式；(b)LVMP 压送式；(c)HVLP 压送式

（五）喷枪启用操作流程——测试喷涂形状

喷涂一幅静态的竖形图案，确定该图案的尺寸和形状是否标准。如发现喷幅有任何畸形问题都应及时纠正。如图3-1-16所示。

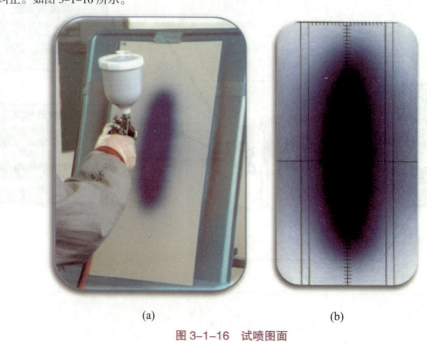

图 3-1-16　试喷图面

（六）喷枪实喷操作技巧——保持固定的喷涂距离

为确保漆面的均匀度，在喷涂过程中，喷枪与被喷工件间应始终保持距离一致。要做到这一点，操作人员就必须在整个走枪的过程中始终保持喷枪与被喷涂平面呈直角，并确保手臂沿着被喷工件的表面做平行运动，绝对不能以手腕或手肘为轴心做弧形的摆动。如图 3-1-17 所示。

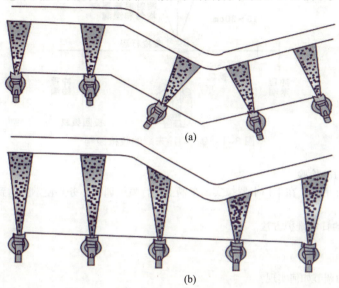

图 3-1-17　走枪姿势
(a) 对；(b) 错

（七）喷枪实喷操作技巧——确保一定的喷幅重叠

在实际喷涂时，需要让每道喷幅有 50% 的部分相互重叠，这样做的目的是为了确保喷涂后的漆面不会产生间隙。

如图 3-1-18 所示，第 2 道喷幅的上半部与第 1 道喷幅的下半部相重叠，重叠的比例约为喷幅高度的 1/2。

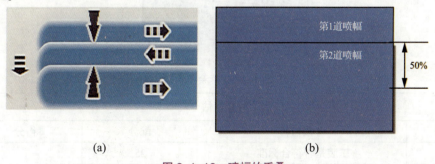

图 3-1-18　喷幅的重叠

（八）喷枪实喷操作技巧——保持一定的走枪速度

喷枪的移动速度与涂料干燥速度、环境温度以及涂料的黏度有关，一般应保持 30~50 cm/s 的速度进行匀速移动。

走枪过快：会使油漆太干，表面粗糙和橘皮。

走枪过慢：容易产生流挂，喷涂金属漆时容易引起聚银和起云。

续表

（九）喷枪实喷操作技巧——喷涂末端的扳机控制

由于扣紧扳机时的涂料流量较大，因此为了避免每次走枪行将结束时所喷出的涂料堆积在工件边缘，需要在喷枪行程的末端略微放松一点扳机，以减少供漆量。如图 3-1-19 所示。

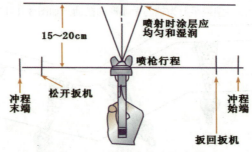

图 3-1-19　喷涂末端的收枪控制

二、学生实训能力的检验

教师根据实际情况，在丰田卡罗拉实训车辆上进行喷枪训练，务必使学生达到熟练使用喷枪。

三、能力测试

1. 简述喷枪的日常维护方法。

2. 喷枪的扇面调节如何实现？

图 3-1-20

3. 如果涂料喷出后，呈现出如图 3-1-20 所示的情况。说明什么问题？应该如何解决？

4. 图 3-1-21 是喷涂不均匀的图样，请阐述产生这种情况的原因，并简述解决方法。

图 3-1-21　喷涂不均匀

检查评估

序号	考核内容	配分	得分
1	工装是否符合标准	25	
2	喷枪使用方法是否标准	25	
3	对于漆面表面处理是否达到要求	25	
4	各种不良漆面原因分析是否标准	25	

指导教师签字：＿＿＿＿＿＿

项目三 汽车喷漆工艺

任务二　喷漆前的准备

学习目标

1. 了解汽车清洗的作用与意义。
2. 掌握汽车漆膜鉴定的方法。
3. 掌握汽车板件漆膜损坏程度的评估。
4. 掌握汽车表面预处理的方法。

理论知识

一、车辆的清洗

虽然涂装操作可能是车身的某一块板件或板件的某一部分，但仍需要彻底清洗整车上的泥土、污垢和其他异物，如图 3-2-1 所示，尤其注意门边框、后备厢、发动机罩缝隙和轮罩处的污垢，如果不清除干净，新油漆的漆膜上就可能会沾上很多污点。一般先使用水冲洗，再用中性肥皂水或车辆清洗剂清洗（见图 3-2-2），然后用水彻底冲净。

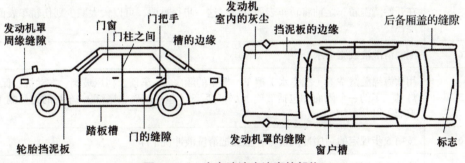

图 3-2-1　全车清洗应注意的部位

图 3-2-2　车辆涂抹清洗剂

1. 清洗车间应具备的基本条件（见表3-2-1）

表3-2-1　清洗车间应具备的基本条件

序号	基本条件
1	可停放大型车辆的混凝土地坪或相当于混凝土的地坪，操作、排污水方便
2	高压水源
3	足够长度的水管，这种水管的手柄上装有控制喷水的开关
4	适度的照明
5	一定数量的水桶、海绵或泡沫塑料、洗涤剂、门窗玻璃清洁剂、抹布、麂皮等
6	压缩空气、气管、气枪、防护眼镜或面罩、橡皮手套及防水围裙

2. 车辆的清洗步骤（见表3-2-2）

表3-2-2　车辆清洗步骤

序号	清洗步骤
1	取出地毯清洗、晾干，清理烟灰盒、沙发坐垫等物品
2	关好车门窗
3	在开始清洗轿车之前将轿车表面淋湿，这一步很重要，可以大大减少划伤轿车表面的可能性
4	配制清洗液或肥皂水
5	用软海绵蘸清洗液（肥皂水）擦车。擦车的顺序是：车顶、挡风玻璃、发动机、保险杠、灯具、车的一个侧面（包括玻璃）、车身后部（包括玻璃、尾灯）、车身的另一侧（包括玻璃）以及车轮
6	按第5步规定的顺序冲洗整车，直到把清洗液冲洗干净
7	按冲洗相同的顺序用压缩空气吹表面，用干净的麂皮（绒布）擦干

二、漆膜鉴别与损伤评估

鉴别车身钣金件上的涂层类别，在重涂工艺中是非常重要的。如果涂膜没有正确鉴别，在施涂面漆时会出现严重的问题。例如，准备修理的车身钣金件以前是用硝基漆处理的，在二道底漆后面的漆中，所含的稀释剂就会渗入以前施涂的硝基漆，这会引起涂装了的表面产生皱纹（收缩）。为了防止发生此类问题，在处理底材时必须正确鉴别涂料的类型。

硝基漆是油漆的一种，主要是硝基纤维素涂料。它是由硝基纤维素、不干性醇酸树脂、增韧剂、颜料、溶剂以及助剂等组成，是一种溶剂挥发型涂料，即在油漆涂装后，溶剂蒸发掉，剩余物沉积、干燥、形成涂膜。涂料在涂装前应将其黏度调整到适合于涂装操作的状态,所加的溶剂称为稀释剂,行业中常称为稀料。不同种类的油漆所用的稀释剂是不同的。

如果一辆轿车从未经过重新喷涂,则根据车型手册可以确定涂层的类型。但对重新喷涂过的轿车车身,在修理时则必须确定车身涂层的类型。

(一)判断轿车是否经过重新喷涂的方法

1. 打磨法

打磨需要修补部位的某一边缘,直到露出金属,如图 3-2-3 所示。通过涂层的结构可以看出这辆轿车过去是否经过重新喷涂。图 3-2-3 左部的面漆单一均衡,为未曾喷涂过;右部面漆明显分层,或因曾喷涂过与原车不一样、油漆呈现不同颜色的两层面漆层,由此可以判断为过去曾重新喷涂过。

2. 测量涂层厚度法

将旧涂层剥开,直到露出底材,测量涂层断面的厚度。如果涂层厚度大于新车涂层的标准厚度,说明这辆轿车曾经进行过重新喷涂。各汽车制造商生产的新车的涂层标准厚度有所不同,下述为三种常见轿车涂层标准厚度参考值:

(1)美国轿车:76~127 μm。

(2)欧洲轿车:127~203 μm。

(3)日本轿车:76~203 μm。

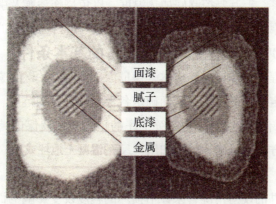

图 3-2-3 采用打磨的方法确定原有漆层类型

(二)车身原有涂层类型的确定方法

1. 视觉检查法

用粗蜡(或砂纸)打磨漆面,若布上沾有漆迹,则说明漆面是单层式面漆(涂膜表面没有涂装清漆);若没有沾上漆色,则说明漆面是双层(色漆+清漆)式面漆。若漆面表层结构粗糙,经摩擦后产生一种类似抛光的效果,则说明涂敷的是一种抛光型漆;出现的是聚丙烯尿烷特有的光泽,可以判定涂敷的是聚丙烯型漆。假设用砂纸打磨漆面,若漆层有弹性且砂纸黏滞,则说明是未全硬固的烤漆。

2. 涂抹溶剂法

一般来说,用棉纱浸入硝基稀释剂,在涂装表面上摩擦,擦不掉的涂料便是烘烤型或聚氨酯型,而可擦到布上的涂料则是自然干燥型(硝基型)。虽然聚氨酯型和烘烤涂料通常不受溶剂影响,但是如果涂层固化不足或涂层变质,它们在受到摩擦时,也会有些掉色或褪色。如果原漆膨胀或收缩,则为未完全硬固的烘烤漆。表 3-2-3 列出了几种类型涂料与硝基稀释剂反应的情况。

表 3-2-3　几种类型涂料与硝基稀释剂反应情况

涂料类型	对硝基稀释剂的反应	涂料类型	对硝基稀释剂的反应
热固性氨基醇酸	不溶解	CAB 丙烯酸清漆	溶解
双丙聚氨酯	不溶解	NC 丙烯酸清漆	溶解
丙酸聚氨酯	不溶解		

注意:在涂擦稀释剂时,不能使其滴、流到完好的漆面。若不小心使稀释剂落到完好漆面上,应尽快擦干净,并用清水冲洗。

3. 加热检查法

首先用 800 目砂纸湿磨,消除原漆面光泽。然后用红外线灯加热打磨过的部位。如果这时漆面上的光泽重现,表明涂层是树脂型漆,一般涂层加热后会发生一定程度的变软。

注意:应细心观察,千万要控制好加热温度,以免烧伤漆膜及引起板件的热变形,不能用火焰加热。鉴定涂层情况时,一定选在受损区域内进行,以免扩大损伤面积。

(三)评估损坏程度

正确地评估损坏程度是确定维修成本,保证涂装质量的关键因素之一。对损坏进行正确的评估后,才能确定修补的范围,从而确定各道处理工序的范围、确定过渡区域、需遮盖保护的部位、需拆卸的零件等,为后续工序的正确实施及保证满意的修补质量奠定基础。评估损坏程度的方法有目测、触摸和用直尺评估。

1. 目测评估

根据光照射钣金件的反射情况,来评估损坏的程度及受影响的面积的大小。稍微改变人的眼睛相对于钣金件的位置,即可看到微小的变形。

2. 触摸评估

如图 3-2-4 所示,操作人员应戴上手套(最好为棉质薄手套),从各个方向触摸受损的区域,但不要用任何压力,触摸的时候要将注意力集中在手掌上的感觉。为了能准确地找到受影响区域的不平整部分,手的移动范围要大,要包括没有被损坏的区域,而不是只触摸损坏的部分。此外,有些损坏的区域,手在向某个方向移动时,可能比向另一个方向移动时更易感觉到。

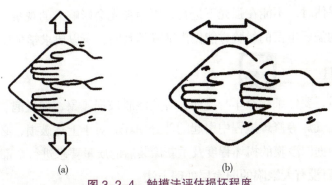

图 3-2-4 触摸法评估损坏程度
(a) 不容易感觉；(b) 容易感觉

3. 直尺评估

如图 3-2-5 所示，将一把直尺放在车身另一边没有被损坏的区域上，检查车身和直尺间的间隙；然后将直尺放在被损坏的车身钣金件上，评估被损坏的和未被损坏的车身板之间的间隙相差多少。

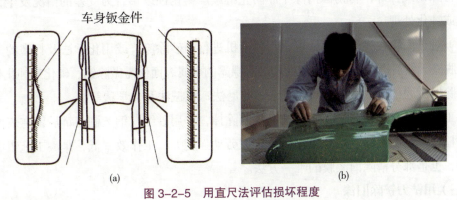

图 3-2-5 用直尺法评估损坏程度

如果在用直尺评估时，损坏件有凸出部分，将影响评估操作，此时可用冲子或鹤嘴锤将凸起的区域敲平或稍低于正常表面，如图 3-2-6 所示。

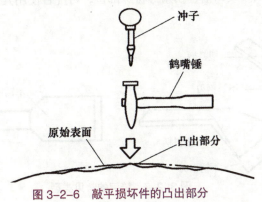

图 3-2-6 敲平损坏件的凸出部分

注意：目测评估时，不能在强光下进行，因为强光会影响人的观察。涂料类型鉴别和损坏程度的评估均需要丰富的经验方能做出准确的判断，所以要求学员反复强化练习。

三、表面预处理

轿车清洗好后，要仔细检查车身漆面，寻找漆膜破损迹象，如气泡、龟裂、脱落、锈蚀，以及在烤补、气焊等修理过程中引起的部分损坏。对于上述破损，必须将旧漆膜清除掉，清除程度可根据旧漆膜的损坏程度及重新涂装后的质量要求进行全部和部分清除。

（一）底材表面没有大缺陷的旧涂层处理方法

一般情况下，其面漆的下面涂层基本没有损坏或只有很少的地方需要修补。所以，只要将面层表面进行适当的打磨，磨掉已经氧化变差的一层，露出良好的底层即可。

（二）表面有缺陷的旧涂层的处理

（1）对于小的缺陷，在缺陷部位进行打磨，直到没有受到损伤的涂层或裸金属。裸露的金属部分必须进行打磨、磷化或钝化处理。如果裸露的金属部分有锈蚀或穿孔的情况，还要进行除锈或补焊，将锈蚀清除干净防止继续产生锈蚀或结合力变差的情况发生，并进行磷化或钝化处理。

（2）对于面积较大的缺陷，可以用喷砂机进行喷砂除漆，或用化学法及打磨的方法将旧涂层脱漆，然后进行必需的清洁处理。对裸露的金属表面仍需做除锈、磷化或钝化处理。

清除旧漆膜的方法很多，有手工法、打磨法、机械法及化学法等。

手工除漆法是用铲刀、砂纸等把旧漆膜除掉，并用砂纸、钢丝刷将铲后留在表面的漆层、粗糙口子打磨干净。这种方法简单，但劳动强度大，工作效率低，是漆工施工中常用的方法，也是部分清除旧漆膜的唯一方法。

（三）用铲刀铲除旧漆

铲刀（见图3-2-7）用于旧漆膜有剥离或裂纹处，以刀尖部插入剥离层间或缝隙处可以一块一块地铲掉旧漆膜。但如果旧漆膜粘接较实，尤其是旧漆膜下层涂有腻子处，则很难除漆。

对于粘接较实的旧漆或凹槽、拐角等特殊部位，可配合使用其他手工工具（见图3-2-8）清除。

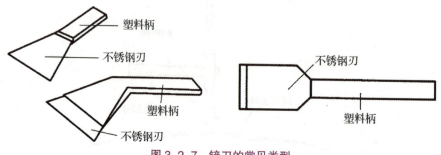

图3-2-7 铲刀的常见类型

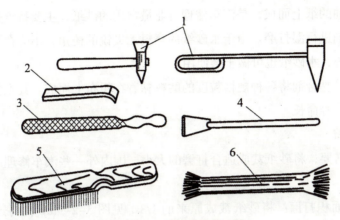

图 3-2-8 除旧漆常用工具
1—尖头锤；2—弯头刮刀；3—粗锉刀；4—刮铲；5—钢丝刷；6—钢丝束

注意：铲刀的尖部非常锐利，一定小心不要损伤不需修补的表面；注意尖部不要在底层表面留下较深的沟槽。

（四）加热法除旧漆

加热法除旧漆是利用火焰（或烤灯）的高温使旧漆膜软化或碳化（烧焦）从而配合铲刀等工具清除旧漆的一种方法。火焰可由喷灯、气焊枪产生，由于一般的维修厂均有气焊设备，所以气焊枪加热法最为常见。

加热法除旧漆的缺点是如果加热温度过高，板件会产生热变形，从而产生不良后果。所以使用中一定注意控制加热温度，必要时可采用多层、多次清除。

若操作人员没有经验，一定要在有专业经验的人员指导下组装和使用气焊设备，一定注意加热温度，以感觉到烫手为好。

（五）手工砂纸打磨除旧漆

对于轻度损伤的漆面，可以用砂纸直接打磨。

1. 砂纸（砂布）

砂纸在构造上是利用附着剂将磨粒粘接到一块柔性或半刚性的背衬上。车身修理人员必须选择合适的砂纸并正确使用才能获得最佳的生产效果、材料利用效率和最好的表面涂层效果。

砂纸的形状有矩形和圆盘形两种，前者多用于手工打磨，后者则用于机械打磨。常用砂纸所采用的磨料有金刚砂和氧化铝颗粒，还有新开发的锆铝磨料。

砂纸的品种和型号较多，砂纸以磨料的粒度数码表示，数码越小，磨料越粗。磨料粒度不同，用途不同。

砂纸有水砂纸和干砂纸之分。干砂纸不耐水，只能用于干法打磨，一般与打磨机配套的砂纸多为干砂纸。水砂纸由醇酸树脂、醇酸调和清漆等水砂纸专用漆料将一定粒度的磨料黏着在浸过桐油的纸上而成,是汽车修理行业最常用的砂纸,主要特点是耐水,打磨时通常要蘸水或溶剂进行湿打磨。由于水砂纸的磨料无尖锐的棱角,不会在平整金属表面留下明显的打磨痕迹,水砂纸也可做干磨使用。

砂布由骨胶等黏合剂将各种规格粒度的磨料黏着在粗布上而成。其主要特点是质地坚硬、耐磨、耐折、寿命长。

2. 砂纸的裁剪

根据打磨的需要,将砂纸裁成适合打磨的大小。国内外一些汽车修理厂普遍采用以下几种方式。

(1)对于小面积打磨:将砂纸裁成原来的1/3[见图3-2-9(a)]。将这三条砂纸叠成三叠,这样每一叠就有三片砂纸厚,打磨起来比较顺手。每当打磨的砂纸面被磨平时,就更换新的一片继续打磨。

(2)对于大面积打磨:将砂纸裁成原来的1/4[见图3-2-9(b)、(c)],这是漆工普遍使用的尺寸,因为这种形状操作方便。

(3)标准打磨:一般情况下用 7 cm × 23 cm 的砂纸固定在打磨块上进行打磨。

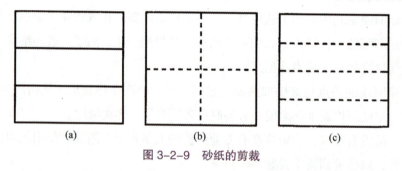

图 3-2-9 砂纸的剪裁

3. 磨块

磨块又称为磨垫,一般用木材或橡胶制成,其具有平坦的表面,或根据工件的形状制成特别的形状,如图3-2-10所示。木材和硬胶制的磨块配合适当的砂纸,用于打磨平度较高的位置,而胶制磨块则用于打磨圆拱位置及油漆表面。厂商供应的磨块一般一面为硬面,另一面为软面,以满足不同的需要。

对于平整表面,应尽量采用磨块进行打磨。使用磨块时应注意以下几点。

(1)将砂纸裁成适合磨块的尺寸。

(2)将砂纸平贴于磨块下面,两边多出的部分向上折贴靠到磨块边缘以便用手握住。

(3)将磨块平放于打磨表面,前后及左右移动。

(4)打磨时,磨块须保持平移,用力要适当。

图 3-2-10　常用的打磨块

4. 砂纸的握法

在没有打磨块只有砂纸的情况下，比较常用的握法有以下几种。

（1）将砂纸夹在拇指和手掌之间，手平放于表面上，这是一种最自然的握法，如图 3-2-11(a) 所示。

（2）将砂纸夹在小指和无名指之间，再将手平放于打磨表面上，如图 3-2-11(b) 所示。

（3）多数操作人员则是综合了上述两种握法，即将砂纸用拇指和小指握住进行打磨。

(a)　　　　　　　　　　　　　　(b)

图 3-2-11　砂纸的握法

5. 手工打磨时的姿势

手工打磨的姿势应该以舒服、顺手为原则。对于较大打磨表面，操作人员最好是采用拇指和小指夹住磨块，中间三指配合手掌用力的握法。

6. 打磨时的力度

（1）尽量轻地握住砂纸。

（2）避免用力压砂纸。

（3）打磨时，操作人员施加于打磨表面的压力仅仅限于手掌的重量。

（4）有时还必须经常改变打磨姿势，以适应不同部位表面结构。

7. 手指打磨法

操作人员在对轿车某个特殊的部位进行打磨时，有时需要将手掌稍微抬起来一点，将重量加到手指上，进行所谓手指打磨。有时甚至还要将手掌再抬一点，将重量加到指尖上，用指尖进行打磨。

8. 画圈打磨

画圈打磨是用手指按住砂纸，在一个小范围内快速做圆周运动进行打磨。这种画圈打磨方式不得用于直径大于 25 cm 的缺陷。

9. 交叉打磨法

在打磨较大面积的表面时，最好采用走直线的方法。在过渡区对相邻表面打磨时，应采用交叉打磨法，如图 3-2-12 所示，就是打磨时经常改变打磨方向，因为这样操作获得的基材表面较平整。改变打磨方向可以起到类似切削的作用，砂平表面的速度最快。如果以 90°的角改变方向，就无法采用交叉打磨法，这主要是受轿车表面绝大部分结构所限。只有在角度为 30°或 45°时改变方向才有可能。

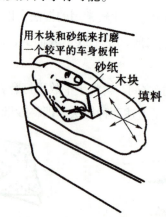

图 3-2-12　交叉打磨法

10. 手工湿打磨的操作

（1）挑选合适的水砂纸、一桶清水、泡沫塑料及橡皮刮板等。

（2）浸湿海绵、水砂纸及待打磨表面。

（3）用海绵擦拭待打磨表面及其周围的区域，使之湿润。

（4）将砂纸从中间剪下一半，并折成三叠，用掌心将砂纸平压在打磨表面上，张开手掌，用掌心沿砂纸的长度方向施加中等均匀的压力，手指与打磨方向一致。

（5）打磨时来回的行程应长而直，如果操作人员的掌心没有平压在表面上，手指就会接触到打磨表面，这将导致手与打磨表面之间受力不均匀，所以应避免手指接触打磨表面。

（6）打磨时也不要进行圆周运动，否则会产生在表面涂层下可见的磨痕。为了获得最好的打磨效果，应该始终与车身轮廓相同的方向进行打磨，如图 3-2-13 所示，也可采用 45°角方向交叉打磨。此时如果进行的是大面积的打磨，则应该分成块，逐块进行打磨。每块的面积最好不大于 0.1m²。操作人员不得将身体的重量支撑在砂纸上，而只能用手掌轻压砂纸进行打磨。

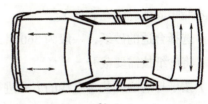

(a)　　　　　　　　　　　　(b)

图 3-2-13　沿车身轮廓线的方向进行打磨

（7）在打磨过程中要不断用海绵蘸水往打磨表面上浇，以保持表面潮湿。

（8）间断性停止，检查已经打磨后的效果，直到结果满意为止。检查时应注意：表面要用橡皮刮板把水刮干净，在有良好照明的条件下，从入射光的角度观看和检查打磨效果。特别要注意观察表面是否还留有明显的打磨痕迹、锈斑，打磨是否已平整等。

（9）进行完湿打磨后，必须弄干所有的打磨表面。缝隙和倒角处可先用压缩空气吹干，然后用黏性抹布擦干所有的表面。

如果感觉打磨时砂纸的黏结力越来越小，越来越滑，则说明砂纸被漆灰堵塞，应把砂纸放在水中清洗，用海绵擦拭干净后即可重新使用。

湿打磨时，由于没有灰尘飞扬，而且在打磨过程中，可随时借助表面的水光检查打磨效果，所以该方法被普遍采用。但如果打磨到裸露的铁皮表面时，由于水的作用，容易使表面生锈，对于现在普遍采用的双组分腻子，手工水打磨使操作人员的劳动强度非常大，而且，黏附在表面、夹缝中的水很难清除干净，将为后续工作带来不利影响。所以很多维修厂规定在除旧漆及打磨腻子、底漆时，不准采用湿打磨。

打磨时一定要保护好打磨的周边区域，特别是棱线或装饰件，必要时用胶带保护。

11. 手工干打磨的操作

（1）选择合适的磨料，采用氧化铝磨料的疏式砂纸比较适合干打磨。

（2）准备好气枪，将气枪连接到压缩空气管道上。

（3）操作人员需戴好面罩。

（4）裁好砂纸。

（5）无论是打磨大的面积还是小的面积，用粗砂纸打磨 50%~75%，用细砂纸进行精加工。粗砂纸打磨的目的是尽快砂掉腻子、锈斑、大块的封闭底漆等。

（6）操作人员可用手摸、眼看检查打磨的表面是否平整。

（7）用180目或220目砂纸对涂有封闭底漆的表面进行精打磨。砂纸上粘有封闭底漆，应及时用气枪吹干净或用刷子刷掉。

（8）采用黏性抹布或气枪对整车进行清理。

12. 砂光

砂光是对损伤部位周围区域（过渡区）的表面进行处理，使表面无光、粗糙，这样新喷的漆才能牢固地黏附在表面上。

（1）选择合适的砂纸，一般为360目或400目。

（2）将砂纸按需要裁开。

（3）按干打磨的工艺走直线的方式进行打磨（也可采用水磨）。

（4）经常检查砂纸的表面状态。如果砂纸上粘的漆灰较多，应用手刷、钢丝刷或压缩空气将它清理干净。

13. 砂薄漆膜边缘

所谓砂薄漆膜边缘是指在已破坏的漆膜周围，将完整漆膜的边缘打磨成逐渐变薄的平滑过渡状态，如图3-2-14所示。当待修补漆膜的破坏程度还没有深入到金属基材时，则这里的薄边要求更为精细、平滑，为无痕迹修补创造先决条件。

图3-2-14 边缘的砂薄过渡

（1）选择合适的砂纸，一般为320目。如原损坏处有腻子，则可先用粗砂纸快速处理，后用细砂纸砂光。

（2）采用由内向外砂或由外向内砂均可行。对于小面积用画圆圈砂的方法，对于大面积则用走直线砂。打磨过程中要经常用海绵蘸水，使表面总是保持湿润（也可采用干式打磨）。

（3）换成细砂纸继续打磨，以除去粗砂纸打磨时留下的痕迹。

（六）用打磨机清除旧漆

所谓打磨机除漆，就是采用专用电动（气动）打磨机来进行清除旧漆的方法。一般是用于小面积的旧漆膜剥离。由于采用电动（气动）工具，使操作人员的劳动强度降低，除漆效率高。

底材旧漆的清除任务工单

底材旧漆的清除	姓名		班级	
	日期		成绩	
任务目的	1. 掌握底材旧漆的清除方法； 2. 掌握打磨工具的使用方法。			
情景设置及要求	一辆丰田卡罗拉轿车左侧车门部分发生了严重的剐蹭，导致漆面损坏及出现了大量的划痕。根据车主要求对车门进行漆面修复。该车漆面为银白色。			

一、任务准备

车辆受损部件漆面已损坏，为防止新涂层发生开裂、附着不牢，必须铲除受损部位旧涂层。

1. 操作人员穿戴好防护用品，对受损部件用棉纱布蘸取专用脱脂、除蜡剂进行除尘、除蜡、除油的擦拭，直至作业部件完全清洁。

2. 用铲刀铲除起层、崩裂的旧涂层，小的凹坑内的旧涂层也要清除，旧涂层与底材结合完好的部位则无需铲除（见图3-2-15）。

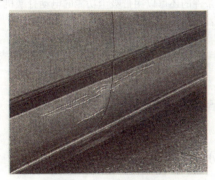

图3-2-15 清除旧漆层

3. 再用手刨或打磨机配80目干磨砂纸磨掉旧涂层至裸金属，然后换120目干磨砂纸打磨羽状边，距离与裸金属凹陷范围要大于70 mm，羽状宽度要大于10 mm（见图3-2-16）。

图3-2-16 打磨羽状边

续表

4.再次进行除尘、除油、除蜡清洁处理,并马上用清洁的干面纱布将除油剂擦拭干净(见图3-2-17)。

图 3-2-17　除尘、除油

以上是手工除漆方法,有条件的还可以用带吸尘功能的电动打磨机。电动打磨机作业效率高,粉尘污染小,更适合大面积的打磨、除尘、除锈。

二、学生实训能力的检验

教师根据实际情况,在丰田卡罗拉实训车辆上进行漆面底材旧漆清除,同时制定出合理的维修工艺。

三、能力测试

1.简述手工清除旧漆的方法。

2.简述手工湿打磨的操作步骤。

3.简述底材旧漆面的除油和除锈的种类及方法。

检查评估			
序号	考核内容	配分	得分
1	工装是否符合标准	25	
2	打磨机使用是否标准	25	
3	底材旧漆是否处理干净	25	
4	漆面的除油、除锈工作是否达到标准	25	

指导教师签字:＿＿＿＿＿＿

任务三 喷漆工艺

学习目标

1. 掌握汽车底漆喷涂工艺。
2. 掌握汽车喷涂过程中腻子的刮涂方法。
3. 掌握二道浆的喷涂技巧。
4. 掌握面漆的喷涂技巧。

理论知识

一、底漆的喷涂

底漆是直接涂覆于施工物体表面的涂料。它是工件表面的基础用料，既是腻子层中间的用料，又是底层涂料与面漆连接的用料。

它的作用一是防止金属表面的氧化腐蚀；二是增强金属表面与腻子（或面漆）、腻子与面漆之间的附着力。

底漆根据其使用目的的不同可分为头道底漆、头二道合用底漆、二道底漆、表面封闭底漆等。

（一）底漆喷涂前的准备

1. 涂料的选配

明确所需要修补车辆原来的涂装系统以及每一道涂层所采用的漆种，是做好汽车修补涂装非常重要的一步。

涂料的选配一般应根据被涂物面材料、使用环境、施工条件及经济效果等进行合理的选配。尤其应注意底漆、腻子、面漆三者的合理配套，一般来说涂层之间采用同类涂料配套是最简单实际的办法。

2. 涂料的调制

对于双组分涂料应加入固化剂，然后根据涂料使用说明书的要求及环境温度的不同加入稀释剂进行稀释，以达到要求的施工黏度；对于其他涂料则直接加入稀释剂进行稀释。

涂料黏度的大小直接影响施工质量，黏度过高将会使表面粗糙不均，产生针孔和气孔等缺陷；黏度过低则会造成挂流、失光使漆膜形成的不丰满。

3. 遮盖

（1）遮盖材料。在准备喷涂过程中，遮盖是很重要的一步，常用的遮盖材料为遮盖纸和遮盖胶带。选用遮盖胶带必须满足气候环境的变化及防止车间中脏物和灰尘对漆面的影响。面积较大区域的遮盖常用墙纸、牛皮纸、报纸、聚乙烯膜，以及其他专门大面积遮盖汽车的遮盖物来进行。

（2）遮盖纸与胶带的使用方法。遮盖纸和胶带的使用是为了防止某些区域被喷漆，因此，不得将遮盖纸和胶带粘贴到需要喷漆的表面。喷涂清漆时，应采用双层遮盖纸进行遮盖，这样可以防止油漆中的稀释剂渗入，而损坏原漆面。

粘贴带应选用质量好的。粘贴带的基本贴法如图3-3-1所示。

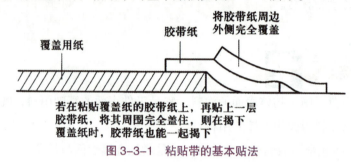

图3-3-1 粘贴带的基本贴法

①风窗玻璃的遮盖。

如图3-3-2所示，覆盖车窗玻璃时，主要使用50 cm宽的纸，不够的部分再用10~20 cm宽的纸粘贴上，四周用12~15 cm宽的胶带纸粘住。

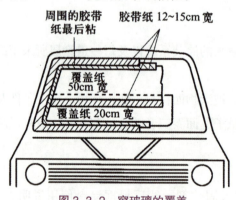

图3-3-2 窗玻璃的覆盖

②车门的遮盖。

如图3-3-3所示，如果要将车门入口全部覆盖，先要按入口宽度准备好覆盖纸，一般是取50 cm宽的纸两张，搭接成1m宽，对准入口，先贴住上部；在贴下边之前，要先让纸呈松弛状，办法是从中间折一下，这样车门才能关住。如果宽度还是不够，再加一张

30 cm 宽的纸。如果边切得不整齐，可用胶带纸补齐。纸与纸相重合的部分，要用胶带纸粘住，不能留缝隙。

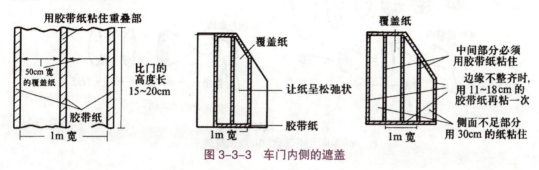

图 3-3-3　车门内侧的遮盖

③喷涂两种颜色时的遮盖。

当汽车被喷涂成两种不同的颜色时，应首先喷涂一种颜色。油漆干燥后，用 19 cm 的胶带把这种颜色的周边遮盖。有些车身喷漆工喜欢选用细胶带，因为细胶带薄，可以精确地把两种颜色的漆面分开，留下的条纹少。然后，把该颜色的漆层用合适尺寸形状的遮盖纸遮盖好。遮盖纸上的胶带粘到已粘好的周边胶带上，多余的边折叠，粘贴牢固。最后，根据需要，可以再用遮盖胶带沿遮盖纸的底部和边缘粘贴，清晰地标出另外一种颜色油漆的喷漆面。

4. 喷枪的调整

喷枪的检查与调整在喷涂底漆和面漆之前都要进行。

（1）检查事项。

①喷杯上的气孔应无污垢堵塞。

②喷杯上密封圈应无渗漏等。

（2）调整。

①压力调整。

严格按照油漆产品说明书所提供的施工参数调整喷枪的压力。对任何油漆系统而言，最适当的空气压力只有一个，就是能使涂料获得最好雾化的最低空气压力。

最佳压力是指获得适当雾化、挥发率和喷雾扇形宽度所需的最低压力。

压力太高会因飞漆而浪费大量油漆，抵达构件表面前溶剂挥发快导致流动性差，容易产生橘皮等缺陷；压力太低会因溶剂保留过多而造成干燥性能差，漆膜容易起泡和流挂。

②雾束大小、方向调整（见图 3-3-4）。

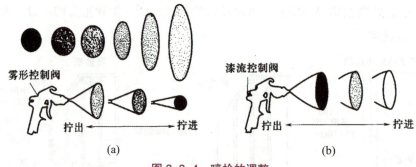

图 3-3-4 喷枪的调整
(a) 雾束大小调整；(b) 漆流量调整

a. 雾束大小调整。把雾形控制阀全拧进去可得到最小的圆形雾束，把控制阀全拧出来得到的雾束最大。如图 3-3-4(a) 所示。

b. 雾束方向调整。调整空气帽可改变雾束的方向。将空气帽的犄角调整成与地面平行，喷出的雾束呈平面且垂直地面，叫作垂直雾束，这种方式应用得最多；如果空气帽的犄角与地面垂直，喷出的雾束呈平面且平行地面，叫作水平雾束，这种方式在施工中少见，在大面积施工进行垂直扫枪时用。

c. 漆流量调整。用漆流控制阀按选定雾形调整漆流量，将控制阀拧出时漆流量增大，控制阀拧进时漆流量减少。如图 3-3-4(b) 所示。

（二）喷涂操作要领

1. 喷枪与工件表面的角度

喷枪与工作表面必须保持垂直，绝对不可由手腕或手肘做弧形的摆动，如图 3-3-5 所示。

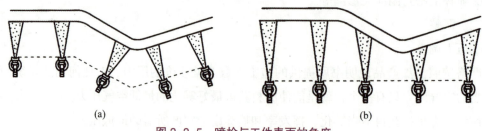

图 3-3-5 喷枪与工件表面的角度
(a) 正确；(b) 不正确

2. 喷枪嘴与工件表面的距离

正常的喷涂距离应与喷枪的气压、喷枪的扇面调整大小以及涂料的种类相配合。一般喷涂距离为 20 cm（可按涂料供应商提供的工艺条件操作）。实际距离可通过对贴在墙上的纸张试喷而定，如图 3-3-6 所示。如果喷涂距离过短，喷涂气流的速度就较高，从而会使涂层出现波纹；如果距离过长，就会有过多的溶剂被蒸发，导致涂层出现橘皮或发干，并影响颜色的效果。

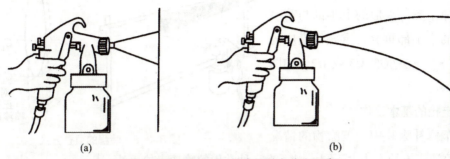

图 3-3-6　喷枪与工件表面的角度和距离
(a) 涂料堆积；(b) 喷雾落到喷涂表面时已经无力

3. 喷枪的移动速度

喷枪的移动速度与涂料干燥速度、环境温度、涂料的黏度有关，约以 30 cm/s 的速度匀速移动。喷枪移动过快，会导致涂层太薄；而喷枪移动过慢，会导致出现流挂的现象。

4. 喷涂压力

正确的喷涂气压与涂料的种类、稀释剂的种类、稀释后黏度有关，一般调节气压 0.35~0.5MPa，或进行试喷而定。压力过低极有可能雾化不好，会使稀释剂挥发过慢，涂料像雨淋一样喷涂到工件的表面，容易产生"流泪""针孔""气泡"等现象。而压力过高极有可能过快蒸发，严重时形成干喷现象。

5. 喷枪扳机的控制

扳机扣得越深，液体流速越大。传统走枪，扳机总是扣死，而不是半扣。为了避免每次走枪即将结束时所喷出的涂料堆积，有经验的漆工都要稍微放松一点扳机，以减少供漆量，如图 3-3-7 所示。

扣扳机的正确操作一般分四步：先从遮盖纸上开始走，扣下扳机一半，仅放出空气；当走到喷涂表面的边缘时，完全扣

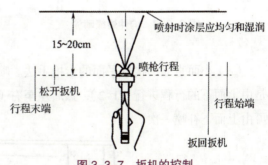

图 3-3-7　扳机的控制

下扳机，喷出涂料；当走到另一头时，松开扳机一半，涂料停止流出；反向喷涂前再往前移动几厘米，然后重复上述操作步骤。

6. 喷涂方法、路线的掌握

喷涂方法有纵行重叠法、横行重叠法、纵横交替喷涂法。喷涂路线应从高到低、从左到右、从上到下、先里后外顺序进行。在行程末端关闭喷枪，喷枪第二次单方向移动的

行程与第一次相反，喷嘴与第一次行程的边缘平齐，雾形的上半部与第一次雾形的下半部重叠，重叠幅度应为第二层与上一层重叠1/3或1/2，如图3-3-8所示。

7. 走枪的基本动作

汽车修补涂装中，被涂物的情况不同，喷漆走枪的手法也不同，以下为几种常用的喷漆走枪手法。

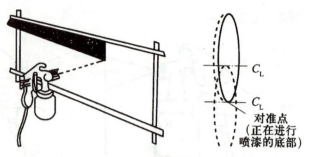

图3-3-8　喷程的重叠方式

（1）构件边缘的走枪手法。在构件边缘喷涂时，一般采用由右至左而喷涂，并采用纵喷（喷出涂料呈垂直方向），如图3-3-9所示。

（2）构件内角的走枪手法。在构件内角喷涂时，一般采用由下而上，再由上而下喷涂，并采用横喷（喷出涂料成水平方向），如图3-3-10所示。

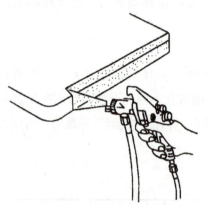

图3-3-9　构件边缘喷涂

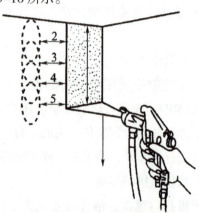

图3-3-10　构件内角的喷涂

（3）小而直立的构件平面的走枪手法。喷涂小而直立的构件平面时如图3-3-11所示，是由上而下的行程进行（1-2），然后左至右（3-4），再由下而上进行（5-9），最后在右侧可由上而下补喷一次。

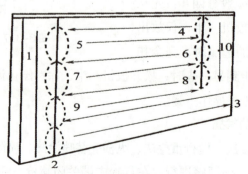

图3-3-11　小而直立平面的喷涂

（4）长而直立的构件平面的走枪手法。如图 3-3-12 所示，喷涂长而直立的构件平面时也是由上而下行程进行，再由左而右，依次沿横向行程，但应注意按个人的臂长进行合适的分段（分行程），每行程 45~90 cm，两行程间重叠 10 cm。

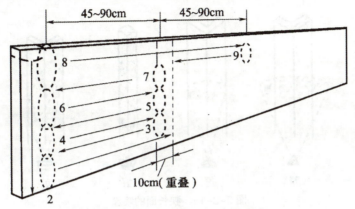

图 3-3-12　长而直立平面的喷涂

（5）小圆柱构件的走枪手法。如图 3-3-13 所示，喷涂小圆柱构件时，由圆顶自上往下再自下往上，分 3~6 道垂直行程喷完。

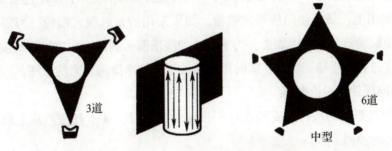

图 3-3-13　小圆柱体、中圆柱体的喷涂

（6）大圆柱构件的走枪手法。喷涂大圆柱体时，则由左至右再由右至左，水平行程，依次喷完，如图 3-3-14 所示。

图 3-3-14　大型圆柱体的喷涂

（7）棒状构件的走枪手法。喷涂较长的、直径不大的棒状构件时，最好将雾束调窄一些与之配合。很多漆工为了省事，不愿经常调整喷枪，而是将喷枪雾束的方位与棒状构件相适应，这样既可完全覆盖又不会过喷，如图3-3-15所示。

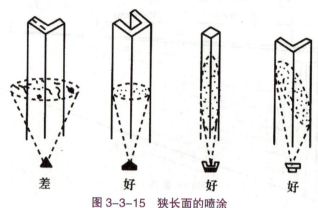

图3-3-15 狭长面的喷涂

（8）大型水平表面的走枪手法。喷涂大型表面如发动机盖、车顶、后盖等，可以采用长而直立构件平面的走枪手法。即由左至右移动喷枪至临近基材表面时扣扳机，继续移动喷枪至离开基材表面时放开喷枪，这样既可以获得充分润湿的涂层，又不过喷或干喷最少。

在喷枪使用上，最好使用压送式喷枪。如果采用的是虹吸式喷枪，当需要倾斜喷枪时，不要让油漆滴落到构件表面上。为了防止油漆泄漏、滴落，在喷杯中油漆不要装得太满，整个操作过程要平稳、协调，随时用抹布或纸巾擦净泄漏出来的油漆。

（三）不同板件的走枪顺序

无论是什么形状的板件，安装在什么位置，走枪时，基本都按照从上到下、从左到右、从内到外的原则。

1. 车门

如图3-3-16所示，首先喷涂车门框的顶部，然后下移直到车门的底部。

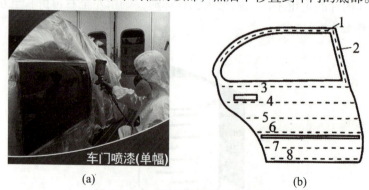

图3-3-16 车门的喷涂及喷涂顺序
(a) 车门的喷涂；(b) 喷涂顺序

2. 前翼子板

如图 3-3-17 所示，发动机罩的边缘和前翼子板的翻边应该首先喷涂，然后是前大灯周围部分、面板的拱起部分，最后是面板的底部。

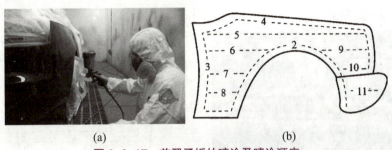

图 3-3-17 前翼子板的喷涂及喷涂顺序
(a) 前翼子板的喷涂；(b) 喷涂顺序

3. 后翼子板

如图 3-3-18 所示，首先喷涂边缘，然后喷漆人员站在面板的中间，以一个长的连续的行程喷涂面板。

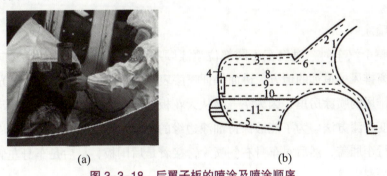

图 3-3-18 后翼子板的喷涂及喷涂顺序
(a) 后翼子板的喷涂；(b) 喷涂顺序

4. 发动机罩

如图 3-3-19 所示，首先喷涂发动机罩的边缘，然后是发动机罩的前部，下一步是在前翼子板的侧面，从中心开始向边缘进行喷涂；另一侧也使用相同的方法喷涂。

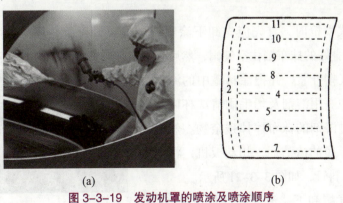

图 3-3-19 发动机罩的喷涂及喷涂顺序
(a) 发动机罩的喷涂；(b) 喷涂顺序

5. 车顶盖

为了方便对车顶盖进行喷涂，喷漆人员应站在长凳上，以便能喷到车顶的中心。如图 3-3-20 所示，首先喷涂一侧的挡风边缘，然后从中心到外边；一侧完成后，再用相同的方法完成后部和侧面。

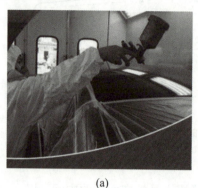
(a)

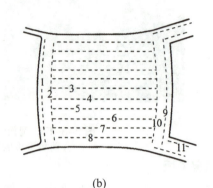
(b)

图 3-3-20　车顶盖的喷涂顺序
(a) 车顶盖的喷涂；(b) 喷涂顺序

6. 整车喷涂

当修检整个汽车时，对汽车不同部位喷漆顺序可能不同。通常，在横向排风的房间里，先喷涂离排风扇最远的地方，进而保证喷漆表面的灰尘最小，使漆面更光滑。

在向下排风的喷涂房里，因为空气是从天花板顶向汽车底部的检修坑流动，所以喷漆人员必须改变喷漆方法。为了能够保持油漆边缘的湿润，车顶盖应该首先喷漆，接着是发动机机罩和行李厢盖，然后对车身右侧喷涂，接着是后围板，最后是车身左侧，并逐渐向前移动直到全部完成。

（四）喷枪的日常维护

1. 喷枪的清洗

使用喷枪后，应立即清洗喷枪及其附件，不注意维护和清洗喷枪是喷枪发生故障的主要原因。

清洗吸力式喷枪时，首先应先卸下涂料罐，将吸料管留在杯内。接着松开空气帽 2~3 圈，用一块叠好的抹布挡住空气帽，然后扣扳机使喷枪内的涂料流回涂料罐内。

重新将空气帽拧紧，并把涂料罐中的涂料倒回原来的大罐中。用溶剂及稀毛刷清洗杯内和杯盖，用一块浸过溶剂的抹布擦掉残余物。然后向杯内倒入少许干净的清洁剂，扣动扳机，将清洁剂喷出，清洗输料管，如图 3-3-21 所示。

然后将空气帽卸下，泡在稀释剂或溶剂中，

图 3-3-21　用清洁剂冲洗喷枪

用圆头牙刷或软刷子清洗堵塞的小孔,如图 3-3-22 所示。

用喷枪刷和溶剂清洗喷嘴,用泡过稀释剂的抹布将枪体外部擦干净,注意擦掉所有涂料的痕迹。

目前,一些维修厂开始使用喷枪自动清洗机,结合人工手洗来清洗喷枪,清洗效果非常好。将喷涂设备(包括喷枪、储料杯、搅拌器和滤网等)放到喷枪清洗机的大桶内,盖上桶盖,然后打开气动泵使清洗桶内的清洗液旋转,不到 1 min,该设备就能清洗干净各部件。

新型超声波清洗机效果更好,只要在机器内注入清洗液,将零件放入容器中,按下开关即可,并可以人工设定清洗时间,如图 3-3-23 所示。

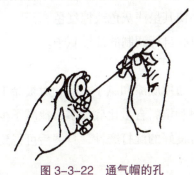

图 3-3-22　通气帽的孔

图 3-3-23　新型超声波机清洗喷枪

2. 喷枪的润滑

最好在每天工作完后进行喷枪润滑,用轻机油润滑如图 3-3-24 所示的各部件。由于正常的磨损和老化,密封圈、弹簧、针阀和喷嘴必须定期更换,更换应按生产厂家的说明进行。由于机油过量就会流入涂料和机油通道,造成喷涂缺陷,因此润滑时操作人员必须非常小心,机油和涂料混合后就会降低喷涂质量。

注意:不要将整把喷枪长时间泡在清洗液中,这样会使密封圈硬化,并破坏润滑效果。

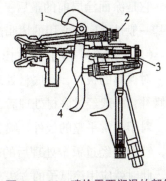

图 3-3-24　喷枪需要润滑的部位
1—扳机转轴;2—喷雾扇形控制钮;
3—涂料控制旋钮;4—空气阀

二、腻子的刮涂

(一)中间涂料的一般知识

中间涂层是介于底漆与面漆之间的涂层,所用的涂料为中间涂料(简称中涂)。

中涂的主要功用是提高被涂物表面的平整和光滑度,封闭底漆层的缺陷,以提高面漆涂层的鲜映性和丰满度,提高装饰性,增加涂膜厚度,提高耐水性。对于装饰性要求高的中、高级轿车,则需采用中涂。

汽车生产厂的中间涂料一般分为通用底漆、腻子、二道浆和封闭底漆。

1. 通用底漆

通用底漆又称底漆二道浆，它可直接涂布在金属表面，具有底漆的功能，又具有一定的填平能力。一般用"湿碰湿"工艺涂布两道，以代替底漆和二道浆，达到简化工艺的目的。

湿碰湿的涂装工艺即在喷涂过程中，不等上一道漆完全干透便喷涂下一道漆，这样既可以提高工作效率，还可使涂层得到较好的光泽效果。

2. 腻子

腻子是由大量的填充料以各种涂料为黏合剂所组成的一种黏稠的浆状涂料，用来填嵌工件表面的凹陷、气孔、裂纹、擦伤等缺陷，以取得均匀平整的表面。

腻子的主要组分是填充料，占腻子总重的70%~80%。为使腻子在施工中易标识，在腻子中加入极少量的氧化铁红、炭黑、铬黄等颜料，使其呈浅灰色或棕红色。

腻子的品种很多，有造漆厂制造的成品腻子，也有自行调制的油性腻子。

3. 二道浆

二道浆又称喷涂腻子或二道底漆，它的功用介于通用底漆和腻子之间，对被涂工件表面的微小缺陷（不平之处）有一定的填平能力，颜料和填料含量比底漆多，比腻子少，颜色一般为灰色。采用手工喷涂和自动静电喷涂，具有良好的湿打磨性，打磨后可得到非常平滑的表面。

4. 封闭底漆

它是涂面涂层前的最后一道中间层涂料，其漆基含量在底漆和面漆之间，涂膜光亮。漆基一般是由底漆所用的树脂配成。

（二）刮涂腻子的一般知识

对裸露的板材，经底材处理和喷涂底漆后，即可进行刮涂腻子的操作。对于损坏漆面的修补，一般经过底材处理后，即可直接刮涂腻子。

对于非常平整的板件，喷完底漆后，即可进行面漆的涂装。但是，对于不够平整的表面，特别是经过钣金处理后的表面，由于凸凹较大，底漆很难将其填平，如图3-3-25所示，此时就应用涂腻子的方法来处理。

图3-3-25 底漆对于深度不平的填平能力

刮涂腻子又称打腻子，是一项手工作业，常用工具有调拌腻子盒（木制或金属制作）、托腻子板、腻子铲刀、腻子刮刀（又分牛角刮刀、橡皮刮刀、钢片刮刀）等，如图3-3-26所示。

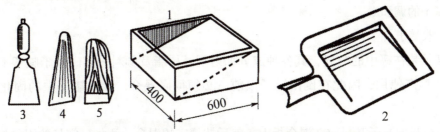

图 3-3-26 刮腻子的常用工具
1—调拌腻子盒；2—钢制腻子板；3—腻子铲刀；4—牛角刮刀；5—橡胶刮刀

刮涂腻子时应注意以下事项：

（1）刮涂前被涂装表面必须干透，以防产生气泡或龟裂，若被涂装表面过于光滑，可先用砂纸打磨，以使腻子与底面结合良好。

（2）应在一两个来回中刮平，手法要快、稳，且不可来回拖拉。拖拉刮涂次数太多，腻子易于拖毛，表面不平不亮，还会将腻子里的涂料挤到表面，造成表干内不干，影响性能。

（3）洞眼、缝隙之处要用刮刀尖将腻子挤压填满，但一次不宜刮涂太多、太厚，防止干不透。

（4）刮涂时，四周的残余腻子要及时收刮干净，否则表面留下残余腻子块粒，干燥后会增加打磨的工作量。

（5）如果需刮涂的腻子层较厚，要多层刮涂时，每刮一道都要充分干燥，每道腻子不宜过厚，一般要控制在 0.5 mm 以下，否则容易收缩开裂或干不透。

（6）自配的桐油厚漆石膏腻子不宜加水过多，加入的熟桐油不能过少，以防止腻子变粉，刮涂后易起泡和开裂脱落。

（7）腻子刮涂工具用完后，要清洗干净再保存。刮刀口及平面应平整无缺口，以保障刮涂腻子的质量。

（8）夏季天气炎热，温度较高，腻子容易干燥，成品腻子可用稀料盖在上面，自配的石膏腻子可用湿布或湿纸盖住。冬季放在暖处，以防结冻，用时可加些清漆和溶剂，但不宜久放。

（9）腻子不能长期存放于敞口的容器中，以免黏合剂变质，溶剂挥发，造成粘挂不住，出现脱落或不易涂刮等问题。

（三）刮涂腻子

1. 检查腻子的覆盖面积

为了确定需要准备多少腻子，需再次估计损坏的程度。但是，此时不能触及有关的区域，以防止在有关部位沾上油迹。

2. 腻子的调和

（1）取腻子。

①腻子装在罐中的时候，其各种成分如溶剂、树脂及颜料分离。由于腻子不可以这种分离的形态使用，因此在倒出罐子以前，必须彻底混合，装在罐子中的固化剂也是如此。

②将适量的腻子基料放在混合板上，然后按规定的混合比添加一定量的固化剂。一般是以 100∶2~100∶3 的比例拌和。腻子主剂与固化剂拌和时，固化剂的容许量有一定范围，可以随气温的变化适当调整，具体数值应以产品说明书为准。

（2）拌合腻子。

①用刮刀的尖端舀起固化剂，将其均匀散布在腻子基料的整个表面上。

②抓住刮刀，轻轻提起其端头，再将它滑入腻子下面，然后将它向混合板的左侧提起。

③在刮刀舀起大约 1/3 腻子以后，利用刮刀右边为支点，将刮刀翻转。

④将刮刀基本上与混合板持平，并将它向下压。一定要将刮刀在混合板上刮削，不要让腻子留在刮刀上。

⑤拿住刮刀，稍稍提起其端头，并且将在混合板上混合的腻子全部舀起。

⑥将腻子翻身，翻的方向与第③步中的方向相反。

⑦与第④步相同，将刮刀基本上与混合板持平，并将它向下压，从第②步重复。

⑧在进行第②步到第⑦步时，腻子往往向上朝混合板的顶部移动。在腻子延展至混合板的边缘时，舀起全部腻子，并且将它向混合板的底部翻转。重复第②步到第⑦步，直到腻子充分混合。

3. 刮涂腻子的方法

（1）往返刮涂法：该方法是先把腻子敷在平面的边缘成一条线，刮刀尖呈 30°~40°向外推向前方，将腻子刮涂于低陷处，多余腻子挤压在刮刀口的右面成一条线。这种方法适合于刮涂平面物体。

（2）一边倒刮涂法：此法是刮刀只向一面刮涂，汽车车身刮涂腻子的顺序是从上往下刮，或从前往后刮。

刮涂腻子时应将刮具轻度向下按压，并沿长轴方向运刮，如图 3-3-27 所示。每次涂刮腻子的量要适度，避免造成蜂窝和针孔，对于区域性填补应按图 3-3-27(b) 所示的方向运刮。

刮涂腻子的方式有满刮和软硬交替刮两种。其中，满刮又分填刮和靠刮；软硬交替刮又分"先上后刮"和"带上带刮"；另外还有"软上硬收""硬上硬收"和"软上软收"等。

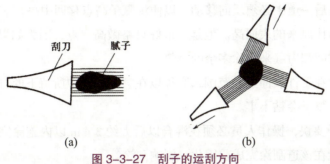

图 3-3-27 刮子的运刮方向
(a) 刮刀和腻子；(b) 运动方向

4. 刮涂腻子的操作

拌和结束后，用刮刀刮涂。腻子和复合油灰的刮涂要领是相同的，关键在于要仔细地刮出平面，同时尽量避免出现气孔。

局部修补时腻子的刮涂方法，如图 3-3-28 所示，第一步先将腻子往金属表面上薄薄地抹一层，刮刀上要加一定的力，以提高腻子与金属表面的附着力；第二步逐渐用腻子填满修补的凹坑，刮涂时刮刀的倾斜角度，随作业者的习惯而存在差异，通常以 35°～45° 为佳。要注意腻子中不要混入空气，否则会产生气孔和开裂；第三步用刮刀轻轻刮平修补表面。

图 3-3-28 聚酯腻子刮涂法

大面积刮腻子时，使用宽刮刀比较方便。例如车顶、发动机罩、行李厢罩、车门等，使用宽的橡皮刮板，可以提高刮涂速度。

对于冲压形成按一定角度交接的两个面，若需在冲压线部位进行刮腻子修实，其方法如图 3-3-29 所示。沿交接线贴上胶带纸遮盖住一侧，刮好另一侧的腻子；稍隔片刻，待腻子干后，揭下胶带，再在已刮好的一侧贴上胶带纸遮盖，接着刮涂好余下的一侧。

在向平面施涂腻子时，要注意以下事项：

（1）如果刮刀在各道施涂中，仅向一个方向移动，腻子高点的中心就有所移动。这种情况很难打

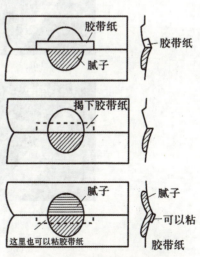

图 3-3-29 冲压线部位的腻子修补

磨，所以刮刀在最后一道中必须反向移动，以便将腻子高点移回中央。

（2）腻子必须比原来的表面高。但是，最好只略微高一点，因为如果太高，在打磨过程中就要花许多时间和力气来清除多余的材料。

（3）腻子刮涂在工件表面上的范围，必须以在磨缘过程中所留下的打磨划痕为限。如果没有打磨划痕，腻子会粘不牢。

（4）刮涂腻子要快，操作人员必须在混合以后大约 3 min 以内施涂完。如果花费时间太长，腻子就可能在该道刮涂完成前固化，影响刮涂。

（四）腻子的干燥

新刮涂的腻子会由于其自身的反应热而变热，从而加速固化反应。一般在刮涂以后 20~30 min 即可打磨。如果气温低而湿度高，腻子的内部反应速度降低，从而要较长的时间来使腻子固化。为了加快固化，可以另外加热，例如使用红外线灯或干燥机加热。

在使用红外线灯或干燥机来加热和干燥腻子时，一定要使腻子的表面温度控制在 50℃ 以下，以防止腻子分离或龟裂。如果其表面很热且不能触摸，则说明温度太高。

涂层薄的地方的温度往往比涂层厚的地方低，这种较低的温度会减慢涂层薄的地方的固化反应。因此，一定要检查涂层薄的部分，以确保腻子的固化状况。

（五）打磨腻子

1. 使用腻子锉刀粗锉削

腻子的粗锉削，要用腻子锉刀进行（见图 3-3-30）。腻子层刮涂厚度一般都超过实际需要，所以应该先用锉刀初步锉削打磨后，再使用打磨机进一步打磨，以提高作业效率。

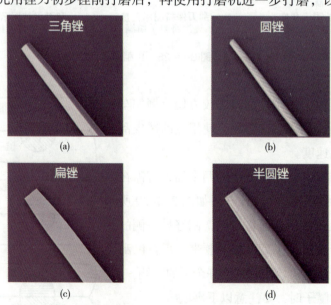

图 3-3-30 腻子锉刀的种类
(a) 三角锉；(b) 圆锉；(c) 扁锉；(d) 半圆锉

（1）先用半圆锉锉削，锉削中要注意不能施力过大，否则会在表面留下深深的锉痕。另外锉削方向始终要保持平行，既可全部沿前后方向，也可倾斜或沿上下方向，总之要锉削出平整的表面。

（2）为消除半圆锉锉痕，应使用平锉进行第二次锉削。如果最初腻子表面比较平整，可以开始就用平锉。

注意：操作人员应在刮腻子后 7~10 min 内进行锉削作业。超过 20 min，腻子就会变硬，所以应争取在这段时间内完成锉削作业。如果锉削下来的腻子呈较长的粗线状，说明腻子质量好。锉削的时机也掌握得较适宜。

2. 打磨机打磨平面

腻子表面锉削完毕后，再用"直行式"或"往复式"气动打磨机进一步打磨，所用砂纸粒度一般为 60 目。当腻子打磨性能差时，可先用 40 目砂纸打磨，然后依次更换 60 目和 100 目砂纸打磨。

打磨的要领是，将打磨机轻压在腻子层表面，左右轻轻移动打磨机，切忌使劲重压。

3. 手工打磨修整

使用打磨机大致形成平整表面之后，必须进行手工打磨修整。手工打磨修整使用手工打磨板较为方便，其大小应与打磨作业面积相适宜，手工打磨板的移动方法和使用打磨机相同。另外，若能巧妙地使用木制靠模块和橡胶靠模块，可以很快修正变形。

打磨结束后，若发现有气孔和小的伤痕，应马上修补。如果都等到喷二道浆之后再修整，往往更麻烦。因此尽可能在该工序使表面平整，消除引起缺陷的原因。

三、二道浆（中涂底漆）的喷涂

（一）二道浆的功用

对腻子层表面的气孔进行油灰填平后，由于油灰干燥后的收缩，会在表面留下凸凹不平点，如图 3-3-31 所示。尽管经过手工精打磨操作，但仍不能满足喷涂面漆的需要。另外，腻子表面打磨后，仍会留下细小的划痕，也不适合直接喷涂面漆，此时一般需要喷涂二道浆。

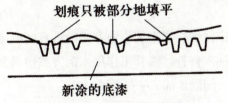

图 3-3-31 油灰收缩时的情形

二道浆的主要作用：一是填补平整表面；二是防锈保护。作为汽车修理涂装，主要偏重于前者，而且一直是以作业性为中心来选择使用。

在钣金修整后填补的腻子或复合油灰的部位、除锈后的金属表面、经修整的小伤痕，以及旧涂膜起细微皱的部位等，喷涂上二道浆，填平微小的凹凸，然后通过打磨获得平整的表面，再喷涂面漆。这样既可以提高面漆的附着力，减少溶剂向底层的渗透，又能提高涂膜的表面平整度和色泽。

（二）二道浆的喷涂

1. 喷涂前的准备

先用压缩空气清除表面粉尘。若进行过湿打磨，应做去湿处理，使被喷涂表面干燥。粉尘清除干净后，再用脱脂剂做脱脂处理，经遮盖后方可喷涂二道浆。一般情况下，二道浆的喷涂施工程序如图 3-3-32 所示。

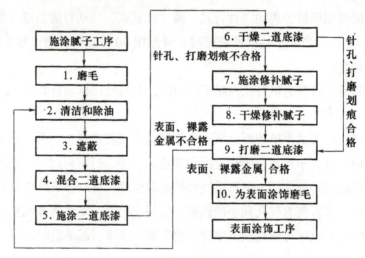

图 3-3-32 二道浆（二道底漆）施工程序

2. 二道浆的喷涂作业

可参照底漆的喷涂方法，对于喷枪的各项调整应参阅所用二道浆的使用说明。

（三）二道浆涂层的修整与干燥

1. 修整

二道浆喷涂结束后，应仔细检查涂装表面有无砂纸打磨痕迹、气孔及其他缺陷。若有缺陷，可采用硝基类速干油灰修补。修补工作用木刮刀或塑料刮刀薄薄地刮涂，切忌一次填得过厚。若一次填不满，间隔 5 min 左右再填。

2. 干燥时的注意事项

二道浆涂层在打磨前一定要充分干燥。如果干燥不充分，不仅打磨时涂料会填满砂纸，使作业难以进行，而且喷涂面漆之后，往往出现涂膜缺陷。

（四）标志涂料（打磨指导层）的施工

标志涂料在收边修补中起填充和打磨作用，它可以使表面更加平整，大大减少细微的缺陷，同时为打磨起指导性作用。

（1）调制一种比中间涂料颜色深一点或浅一点的涂料作为标志涂料。

①在收边区域内喷涂两次，厚度中等，在两道涂料之间要保持一定的闪干时间。

②在比前两次喷涂区域大一点的范围内再喷涂两次，在两道涂料之间要保持一定的闪干时间。

（2）取深色（或浅色）的中间涂料，稀释一倍。

①在经过打磨加工过的区域喷涂一道涂料。

②超出前次喷涂的范围再喷一次，在两道涂料之间要保持一定的闪干时间。

（3）在室温下自然干燥大约30 min。

四、面漆的喷涂

（一）面漆喷涂前的准备

1. 车辆（板件）准备

（1）粉尘的清除。打磨工作结束以后，使用气枪，用压缩空气彻底清除打磨粉尘。清除工作应按顺序进行，不能有遗漏。以全涂装为例，粉尘清除工作可以先从车顶开始，然后是发动机罩、行李厢盖等。接下来是车门和翼子板的间隙、行李厢盖和发动机罩的边缘等。

（2）覆盖工作（参见底漆喷涂中的遮盖方法进行）。

（3）脱脂与最后一道去粉尘。清扫和覆盖结束后，用干净布蘸上脱脂剂，擦拭被涂装表面，除去油分、污物和石蜡等。在进行遮盖作业时，不管操作人员怎样小心，都难免有粘贴带纸、手上的污物等黏附到被涂装表面。用研磨膏打磨后也会留下粉屑和油，这些都必须清除干净。

先用干净布浸透脱脂剂，仔细无遗漏地擦拭被涂装表面。如图3-3-33所示。操作人员可以逐一地擦，擦拭完后一定要用干净布再擦拭一遍。门把手和滑槽附近、门的内侧和行李厢盖、发动机罩四周内侧应仔细清洁，去除石蜡和硅酸，挡风条和挡泥板的安装螺钉附近也要仔细清洁。操作时，可一手拿蘸有脱脂剂的布，一手拿干布，交替进行，以提高速度。

脱脂结束以后，再一次用压缩空气吹去残留的粉尘，最后用粘胶布擦去粘在涂层面上的线头和灰尘。最后一次用压缩空气吹拂时，对发动机机罩的内侧、门的内侧、滑槽的角落应特别仔细清除。

图 3-3-33 脱脂处理

2. 面漆喷涂的涂料准备

（1）喷涂前的检查作业。在开始喷涂作业之前，一定要做下列工作：一是检查全部车身外表有无覆盖遗漏之处；二是检查是否有打磨作业和清扫作业没有进行完备之处；三是检查喷枪和干燥设备有无异常。检查完毕之后，操作人员应用肥皂清洗手上的油，穿上防尘服，再用压缩空气清除黏附在衣服上的灰尘。

（2）涂料的准备。

①涂料的稀释。将调好色的涂料按所需要的量取出，视需要加入固化剂，调整好黏度。通常的做法是将主剂和固化剂调配好之后，再加入稀释剂调整黏度。

②涂料的过滤。调好色的涂料，难免混有灰尘和杂质，必须过滤之后才能使用。最常用的过滤工具是滤纸（见图 3-3-34）。

图 3-3-34 滤纸

③黏度的调整。涂料黏度并非常量，随温度而发生变化。即同一种涂料，冬季比夏季显得稠。黏度越高的涂料，随温度变化的特征越明显，因此，即使加入相同量的稀释剂，夏季的黏度为 13~14 s，冬季黏度就为 20 s 左右。

3. 喷枪的选择

用于喷涂面漆的喷枪，应根据使用目的和涂料的种类区分使用，主要是参阅油漆的使用说明书。喷枪的喷嘴直径应随涂料的种类而改变。对于酸性丙烯酸硝基漆，全涂装时用 1.5~1.8 mm 口径的喷枪较为适宜。而对于合成纤维素丙烯酸硝基漆则以 1.0~1.3 mm 为宜，超过 1.5 mm 时，则会造成漆膜表面粗糙，打磨十分费力。

烤漆涂料可以使用 1.3~1.5 mm 口径的上吸式喷枪；丙烯酸磁漆可以用 1.5~1.8 mm 口径上吸式喷枪。烤漆涂料也可以使用重力式喷枪；丙烯酸磁漆涂料如果使用重力式喷枪，口径选 1.3 mm 能获得高的喷涂质量。在喷涂金属闪光色时，为防止金属雾斑，喷嘴直径应为 1.3~1.4 mm。

除此之外，因制造厂家的不同，喷射流量和空气用量、喷束形状都有差异，应从中选择与所喷涂料相适应的喷枪。

（二）面漆的喷涂

1. 面漆的喷涂手法

面漆的喷涂操作与底漆和二道浆的操作基本相同，只是喷涂的手法要求更加细腻一些，以获得良好的色彩光泽效果。

（1）干喷。干喷是指喷涂时选择的溶剂要快干，气压较大，漆量较小，温度较高等，喷涂后漆面较干。

（2）湿喷。湿喷是指喷涂时选择的溶剂要慢干，气压较小，漆量较大，温度较低等，喷涂后漆面较湿。

（3）湿碰湿。通常，湿碰湿同湿喷有相似一面，都是不等上道漆中溶剂挥发继续喷涂下一道漆。

（4）虚枪喷涂。在喷涂色漆后，将大量溶剂或固体成分调整得极低的涂料喷涂在面漆上的操作称为虚枪喷涂。在汽车修补中有两种类型虚枪喷涂法：

①在热塑性丙烯酸面漆上喷虚枪，用来使新喷的修补漆与原来的旧漆之间润色，使汽车表面经过修补后看不出修补的痕迹。

②在新喷涂的丙烯酸或醇酸磁漆上喷虚枪，用来提高其光泽，有时也用来在斑点修补时润色。

（5）雾化喷涂。俗称飞雾法喷涂，又叫飞漆，一般用于金属漆的施工。金属漆与色漆喷涂方式、方法大不相同，金属漆由于漆中有金属颗粒，有的由云母、珍珠等物制成，比重大，所以喷金属漆时一般用飞雾法（像散花状）喷涂，同虚枪喷涂有些相似。

（6）带状涂装。当喷涂某个基材表面的边缘时采用此法。此时应将喷枪扇幅调得相对窄一些，一般调整到大约 10 cm 宽。此时喷出的雾束比较集中，呈带状覆盖。这样可以达到减少过喷、节约原材料的目的。

2. 全涂装面漆喷涂

（1）面漆喷涂的一般注意事项。首先是涂料不同其性质有差异，必须弄清楚涂料的特性，在此基础上决定黏度、喷涂气压力、喷枪运行速度；其次是要根据气温决定黏度，选择稀释剂。另外，避免过度喷涂也是喷涂时应注意的。

（2）单色涂膜的喷涂。对于单色涂膜，不同的种类需要的喷涂方法也不一样。现列举其中一例作为参考，涂料黏度用 4# 福特杯量。

①第一次喷涂——预喷涂。

涂料黏度——16~20 s（20℃）。

空气压力——343 kPa。

喷束直径——全开。

喷吐流量——1/2 开度 ~2/3 开度。

喷枪距离——25~30 cm。

喷枪运行速度——快。

给车身整体薄薄地预喷一层，如雾状。这样做的目的是：提高涂料与旧涂膜的亲和力，同时确认有无排斥涂料的部位，如果有就在该部位稍加大气压喷涂，覆盖住涂料排斥的部位。

②第二次喷涂——形成涂膜层。

涂料黏度——16~20 s（20℃）。

气压力——43 kPa。

喷束开度——全开。

喷吐流量——2/3 开度 ~ 3/4 开度。

喷枪距离——20~25 cm。

喷枪运行速度——适当。

在该工序基本形成涂膜层，要达到一定的膜厚。该工序要注意尽可能喷厚一些，这是最终获得良好表面质量的基础，但同时要注意不能产生垂挂和流动，以此作为标准。

③第三次喷涂——表面色调和平整度的调整。

涂料黏度——14~18 s（20℃）。

气压力—— –294~343 kPa。

喷束开度——全开。

喷吐流量——全开。

喷枪距离——20~25 cm。

喷枪运行速度——适当（同第二次）。

第二次喷涂已形成了一定膜厚，第三次喷涂的主要目的是调整涂膜色调，同时要形成光泽，有时要加入透明涂料。有时为调整色调，要加入干燥速度慢的稀释剂。

单色涂膜一般喷涂 3 次，就能形成所需的膜厚、光泽和色调。如果色调还不理想的话，可将涂料稀释到 14 s，再喷涂修正 1 次。

（3）金属闪光色的喷涂。

①第一次喷涂——预喷涂（金属闪光磁漆）。

涂料黏度——14~16 s（20℃）。

气压力——393~490 kPa。

喷束直径——全开。

喷吐流量——1/2 开度 ~2/3 开度。

喷枪距离——25~30 cm。

喷枪运行速度——快。

以喷雾感沿车身表面整体薄薄喷洒,既提高涂料与底层或旧涂膜的亲和力,同时确认有无排斥涂料现象。如果出现了排斥现象,就在有排斥现象的部位提高喷射气压(637 kPa左右)喷涂。

②第二次喷涂——决定色调(金属闪光磁漆)。

涂料黏度——14~16 s(20℃)。

气压力——393~490 kPa。

喷束直径——全开。

喷吐流量——2/3 开度 ~3/4 开度。

喷枪距离——25~30 cm。

喷枪运行速度——稍快。

第二次喷涂决定了涂膜颜色,喷涂时不必在意出现的喷涂斑纹和金属斑纹,单层喷涂,喷枪移动速度稍快一点为好。丙烯酸聚氨酯涂料遮盖力较强,一般喷两次即可,但有的色调需按第二次喷涂方法再喷涂一次。

③第三次喷涂——消除斑纹(过渡层喷涂)喷涂,取金属闪光磁漆 50%,透明漆 50% 相混合。

涂料黏度——11~13 s(20℃)。

气压力——393~490 kPa。

喷束直径——全开。

喷吐流量——1/2 开度 ~2/3 开度。

喷枪距离—25~30 cm。

喷枪运行速度——快。

第三次喷涂是修正第二次喷涂形成的喷涂斑纹和金属斑纹以及喷涂透明层时引起金属斑纹。目的是形成金属感,也有防止喷涂透明层时引起金属斑纹的作用。

原则上透明涂料和金属闪光磁漆各占 50%,但随颜色不同多少有些变化。例如浅色彩时,透明涂料多一些,金属闪光磁漆占 20%~30%,透明涂料占 70%~80%;银灰色和中等浓度色调各占 50%,或者透明涂料稍多一些占 60%。涂料黏度为 12 s 左右。

喷涂时,喷枪运行速度要快,与涂装表面保持 25~30 cm 的距离,薄薄地喷涂一层,要完全消除金属斑纹。

在消除斑纹喷涂结束后,要设置 10~15 min 的间隔时间,使涂膜中的溶剂挥发。若用指尖轻轻触摸涂面,不会沾上颜色,就可以进入透明层喷涂。设置间隔时间,使金属闪光磁漆涂料的溶剂尽可能挥发。

④第四次喷涂——透明涂料的预喷涂。

涂料黏度——12~14 s(20℃)。

气压力——294~343 kPa。

喷束直径——全开。

喷吐流量——2/3 开度。

喷枪距离——90~25 cm。

喷枪运行速度——稍快。

第一次透明层喷涂不能太厚，如果一次喷涂太厚会引起金属颗粒排列被打乱，所以要喷得薄一些。

⑤第五次喷涂——精加工喷涂（透明涂料）。

产生金属斑纹，涂料黏度——11~13 s（20℃）。

气压力——294~343 kPa。

喷束直径——全开。

喷吐流量——全开或 3/4 开度。

喷枪距离——20~25 cm。

喷枪运行速度——普通或稍慢。

以第二次透明层的喷涂结束涂膜工作，要边观察涂膜平整度边仔细喷涂。如果采用快速移动喷枪，往返两次覆盖，能得到很理想的表面色泽。尤其是在车顶、行李厢盖、发动机罩等，最好覆盖两次。

当表面平整度不好时，可以加入干燥速度慢的稀释剂进行修正，能获得好的加工质量。

3. 局部修补涂装喷涂

（1）单色调的局部修补涂装。丙烯酸聚氨酯涂料的局部修补涂装技术被认为很难掌握，但实际上只要掌握了作业方法和要点，也就不难了，而且作业速度快、效率高。

单色调的局部涂装流程可参照图 3-3-35 进行。

①对喷涂了二道浆的表面及边缘部位进行湿打磨，相邻部位用研磨膏打磨。打磨工作可以手工进行，也可以用打磨机，装上毛巾毡垫打磨头，使用粗颗粒的研磨膏仔细打磨。打磨的目的是除去喷二道浆时粘上的涂料和污物，清洁涂装表面。打磨后要用脱脂剂清除油分和污垢，最后使用带黏性的布，仔细除去细小的粉尘。

②在调好颜色的涂料内，按 1∶4 的比例加入固化剂，加入 30%~40% 的稀释剂，并将黏度调至 14~16 s。

第一次喷涂薄薄的一层，以提高底层和旧涂膜与涂料的亲和力；第二次喷涂比第一次喷涂稍宽一些，并在湿的状态下定出色彩；第三次喷涂比第二次要喷得更宽些。要稍加一些稀释

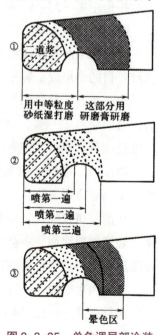

图 3-3-35　单色调局部涂装

剂，将黏度降低到 13~14 s，以获得高质量的表层。要注意色调应与旧涂膜相吻合。

③晕色处理：用 30% 聚氨酯磁漆，加入 70% 稀释剂，薄薄喷涂一层，此时如果喷得过多就会出现垂挂。

修补涂装的气压力一般为 245~294 kPa，喷束开度和流量应根据修补面积的大小进行调整。

如果面积小，喷束开度应减小，流量也应减少，气压力以 196~245 kPa 为宜。

（2）金属闪光色的局部涂装。在准备好金属闪光涂料和透明涂料后，先将调好色的金属闪光涂料，以 1∶4 的比例加入固化剂调和好，然后加入 50%~70% 的稀释剂，黏度调整到 14~16 s。透明涂料也按同样比例加入固化剂，并加入 10%~20% 的稀释剂，黏度调为 12~13 s，完成上述准备工作之后，就可以开始喷涂，喷涂方法参照图 3-3-36 进行。

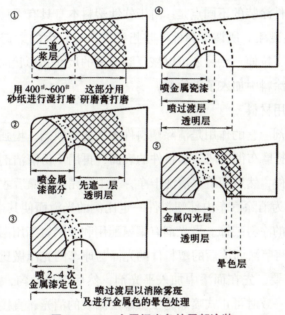

图 3-3-36 金属闪光色的局部涂装

①二道浆涂层的附近用 400~600 目的水砂纸进行湿打磨。晕色部位用研磨膏打磨，然后用脱脂剂清洁，用带黏性的布擦拭，最后用压缩空气吹拂。

②先在二道浆层四周喷一层透明涂料，以使所喷的金属闪光磁漆更光滑，第一次先薄薄喷一层金属闪光磁漆，以提高与二道浆和旧涂膜的亲和力。第二次喷涂确定涂层的颜色，一般喷 2 遍或 3 遍，如果着色不好，则需要喷 3 次或 4 次。第二次不要喷得过厚，要均匀地、薄薄地喷。

③将 50% 的金属闪光磁漆涂料与 50% 的透明涂料相混合，黏度调至 11~12 s，喷涂时比图 3-3-36 中②所示的喷得更宽一些，喷涂时应使涂料呈雾状，薄薄地喷涂，以消除斑纹，调整金属感，同时兼有晕色处理作用。每次喷涂之间，需设置 10~15 min（20%）的

间隔时间。

④透明涂料喷涂面积可扩大一些。第一次薄薄地喷一层，间隔大约 5 min 再喷第二次。喷涂时要边观察色调边喷，以形成光泽。

⑤晕色处理是以 20% 的透明涂料、80% 的稀释剂相混合喷在透明层区域周围，以掩盖其由于喷涂雾滴带来的影响，注意喷得要薄。

4. 塑料件的涂装

（1）汽车用塑料件的涂装特点。

内用和外用塑料件涂装的不同点是：内用塑料件一般采用半光泽或完全无光泽涂装，方法是将涂料中加入一定比例的平光剂；外用塑料件有的采用无光泽涂装，有的采用有光泽涂装，视具体情况而定。

硬性和软性塑料件涂装的不同点是：由于软性塑料本身具有柔韧性，它所用的涂料基本上都是烘烤型弹性磁漆。所谓"弹性"是指涂层具有较大的柔韧性，类似弹性体、橡胶，可以弯曲、折叠、拉伸，然后还可以恢复到原来的尺寸和形状而不会被破坏。方法就是用专用的涂料，该涂料中加入了柔软剂。

（2）塑料件涂装用材料。

①塑料表面清洁剂。它的作用是清除塑料件表面的脱膜剂，增强对油漆的附着力。使用方法是：先用灰色打磨布彻底清洁塑料件的表面，再用 1 份清洁剂与 2~4 份清水混合后的混合液清洁整件工件，然后用清水清洗干净，待工件完全干燥后才可喷涂塑料底漆。

②塑料平光剂。为消除汽车内部塑料件一定比例的光泽而使其半光泽或完全无光泽，一般都采用不同光泽的涂料装饰。平光剂有聚氨酯用和非聚氨酯用两大类，选用时务必小心。其使用方法是：将喷涂面漆后的塑料件的光泽与原车的光泽做比较，以决定是否需要使用平光剂。如果需要，先在面漆中加入平光剂，然后搅拌均匀，并做喷涂样板对比试验，在认为光泽达到一致时可正式喷涂施工。单层涂装的消光，直接将平光剂加入漆中即可；而双层涂装的消光，平光剂不要加在色漆内，要加在清漆内。

③PVC 表面调整剂。它的作用是对 PVC 表面进行处理，使其有利于重涂。它由强溶剂配制而成，具有强烈的渗透性，而且能够软化 PVC 表面并产生轻微的溶胀。这样，涂装时修补涂料就能很容易地渗入塑料表面，这就是人们所说的"锚链效应"。它可以大大提高涂料对基材的附着力。

④汽车塑料件用底漆。

a. 软塑料件：大多数都要求在底漆中加入柔软剂（各生产厂均有与塑料面漆的配套产品），可使漆膜柔软、有韧性、不开裂。聚丙烯塑料件是一种难粘、难涂的材料，要使用专用底漆，以增加它的附着力，同时面漆中也要加入柔软剂，否则很容易脱皮。

b. 硬塑料件：通常不需要底漆，因为油漆在塑料制品上的附着力很好。但有些油漆生产厂仍然建议在涂面漆前使用推荐的溶剂彻底清洗塑料件,并对要涂装部位用 400 目砂纸打磨,再喷涂合适的丙烯酸喷漆、丙烯酸磁漆、聚氨酯漆或底色漆加透明清漆。喷涂模压塑料板材时,需要使用底漆和二道底漆。

⑤涂料。汽车外部零部件,如保险杠、挡泥板以及车门的镶边等所选择的涂料,最突出的要求是耐候性,另外也要求能够有较好的耐介质性和耐磨性。这类涂料多为丙烯酸聚氨酯涂料、聚酯—聚氨酯涂料、热塑性丙烯酸涂料等;汽车内部用塑料,如仪表盘、控制手柄、冷藏箱、各种把手、工具箱等,常用涂料为热塑性丙烯酸、改性环氧树脂、聚氨酯,以及有机硅涂料等。

(3)内用硬性塑料件的喷涂。硬性塑料件如硬性或刚性 ABS 塑料件通常不需要用底漆、底漆二道浆或封闭底漆,喷涂热塑性丙烯酸漆就可获得满意的效果,其具体涂装工艺如下:

①表面处理。先用面漆的稀释剂或推荐的溶剂彻底清洗塑料件。要用中性洗涤剂,并将零件用清水冲洗,清洁擦干。对需要喷涂底色漆的部位用 400 目砂纸打磨,要喷涂透明清漆的混涂区域用 600 目或更细的砂纸打磨,并用表面清洁剂擦净。

②漆料的选配和调漆。参照油漆供应商供应的色卡以及汽车厂的颜色标号选定丙烯酸面漆、清漆,进行调色,然后按说明书介绍的稀释比稀释涂料。

③喷涂施工。按施工要求进行喷涂,用漆量以达到遮盖效果为度,不要太多,以防失去纹理效果。经干燥后将塑料件重新装到汽车上。

(4)车外用硬性塑料件的喷涂。大多数外用硬性塑料件不需要用底漆,有些油漆生产厂仍然建议在涂色漆前使用底漆,但不应用磷化底漆、金属处理剂和柔软剂等。具体涂装工艺如下:

①处理。用肥皂水清洗待修补区域,用清水清洗干净,再用面漆的稀释剂或推荐的溶剂彻底清洗塑料件。对要涂底色漆的部位用 400 目砂纸打磨,要喷涂透明清漆的混涂区域用 600# 或更细的砂纸打磨。

②选配与调漆。按油漆供应商提供的色卡以及汽车的颜色标号选择丙烯酸或聚氨酯面漆、清漆,进行调色,然后按说明书介绍的稀释比稀释涂料。

③喷涂施工。按施工要求进行喷涂,用漆量以完全遮盖为宜,不要太多,一般有 2 层或 3 层中厚湿涂层即可。等底色漆干透后再涂透明清漆。

(5)车外用软塑料件的喷涂施工。对于软性塑料的修补施工最好采用全修补办法,这是因为整板进行打磨、清洗后对涂料的附着力极为有利。

保险杠用塑料一般分为两大类:第一类是聚氨酯和其他类似塑料;第二类是聚丙烯、乙丙酸橡胶或其他塑料。

修整保险杠之前,首先根据前述简易鉴定法鉴别保险杠覆盖层的材料是由哪一类塑料制成,然后采用不同的方法和涂料进行施工。

（6）聚氯乙烯（Polyvinyl chloride，PVC）塑料顶棚的涂装。软质聚氯乙烯塑料的涂装比硬质聚氯乙烯要困难得多。因为在软质聚氯乙烯中加有大量的增塑剂，这些增塑剂在涂料成膜后逐渐向表面迁移至底漆与聚氯乙烯塑料的界面，造成层间附着力下降。因此应有专用的底漆与之配套。

以德国巴斯夫公司的产品为例，它把聚氨酯柔韧性添加剂（№ 891）加到热塑性丙烯酸涂料或M-2涂料中形成最佳搭配，配制出聚氯乙烯专用的最理想涂料系统。这种涂料系统具有突出的物理机械性能，不仅柔韧而且硬度高，耐候性优良，施工方便。

涂装工艺如下：

①用刷子或其他适当的工具彻底清洗旧的顶棚，先用水清洗，再用清洗溶剂清洗。

②将涂料混合均匀，倒入喷杯。

BASFR-M产品为例（配漆）：

R-M热塑性丙烯酸涂料或交联型丙烯酸涂料　1份

№ 891柔韧剂　1份

PNT90稀释剂　0.5份

③用压缩空气吹干净孔隙或裂缝中的脏物，然后用黏性抹布擦拭干净。

④仔细遮盖整个发动机罩和行李厢盖，以免喷漆时飞漆溅入。

⑤将喷枪的雾束调窄，采用带状喷涂法，沿着待修补表面的边缘喷涂一道。

⑥加大气压，把雾形调整到正常状态。喷涂时沿着最近的一边开始喷涂，逐渐向中心移动，一直到大致接近顶棚中心时停止。转到汽车的另一边，从中心开始喷涂，逐渐向边缘移动。

注意：两次喷涂的接口处要喷得湿一些。每道枪之间覆盖50%~75%。

⑦稍后再喷涂第二遍全湿的涂层，以达到全遮盖和均匀的湿度为限。

⑧再用稀释200%的乙烯基喷漆（1份乙烯基色漆用2份硝基漆稀释剂稀释）在整个车顶喷一湿涂层。干燥1h后，除去保护胶带。最后用乙烯防护剂来保护车顶和其他乙烯基材料的表面。

⑨新喷涂层至少干燥4h后才能使用。

（7）内用塑料件表面起纹的涂装方法。一般汽车的内表面上有许多不同的纹理结构，在修复的塑料件上做出纹理时，新纹理不一定要与原来的一模一样，但是纹理的粗细程度必须与原来的一样。

喷涂时用喷雾器代替油漆喷枪，采用较低的气压以免涂料雾化。如果要得到较粗的纹理，则不要稀释起纹涂料；如果是要纹理细致一些，则加入少许硝基漆稀释剂。

典型的重起纹工艺如下：

①按油漆供应商的资料调和起纹涂料。

②第一层只涂在修整区内，喷嘴与表面距离45~60 cm，始终用干喷（湿喷会破坏纹理），每层留出闪干时间，喷涂8~10薄层才能达到要求。

③随后把纹理向整修区外扩展，这与底色漆混涂一样。

④表面干燥后用220目砂纸打磨，使新形成的纹理与原纹理相配。如果纹理效果不理想，就再用涂料薄薄喷一层，再打磨。

⑤重起纹后应把塑料件表面吹干净以备重喷面漆。由于起纹涂料一般都是硝基漆，所以常规内饰件用丙烯酸喷漆最为适宜。

5. 面漆层的干燥

面漆喷涂结束后，应进入干燥工序。对于溶剂挥发型涂料及氧化成膜型涂料，面漆喷涂完成后，自然干燥即可，但如果采用低温烘烤干燥则可提高作业效率。丙烯酸聚氨酯、丙烯酸磁漆应间隔一定时间之后，必须以80℃强制干燥20~40 min，或以60℃强制干燥30~50 min（各涂料制造商的规定会稍有差异）。

（1）清除贴护。喷涂工作完毕之后，封闭不喷涂部位的胶带和贴护纸需清除掉。

贴护的清除工作应在喷涂完毕之后，静置20 min左右，待涂膜稍稍干燥后即可。静置20 min左右也有利于涂膜中溶剂的挥发，避免喷涂完毕后直接加温烘烤所造成的涂膜热痱等故障。

清除工作应从涂层的边缘部位开始，绝不能从胶带中央穿过涂层揭开胶带。揭除动作应仔细缓慢，并且使胶带呈锐角均匀地离开表面。清除时要注意不要碰到刚刚喷涂过的地方，还应防止宽松的衣服蹭伤喷涂表面，因为这些表面尚未干透，碰到后会引起损伤，造成额外的工作。

（2）干燥。干燥设备有多种类型，如红外线、远红外线、热风等。不同设备干燥方式也有所不同。因此干燥作业的关键，就是如何根据干燥设备的特点，在不导致产生气孔的前提下提高干燥速度。对于使用喷烤两用房进行强制干燥操作方法如下（以恒大牌喷烤漆房为例）：

①打开电锁开关，电源指示灯亮（即红色）。

②打开照明开关，使烤房内得到照明。

③电压表指示380 V处即表示正常送电，可以进行喷烤工作。

④使用控制箱上的时间设定旋钮设定延时时间（如果需要）。

⑤使用温度调节旋钮，设定烘烤温度。

⑥当喷烤升温时首先进行引风，将喷烤开关置于喷烤位置，即喷烤开关往右扭转。然后再往左扭，使其进入喷烤状态。

⑦当需要烤漆升温时，将升温开关往左扭，如果升温已达到设定的温度，开关将自行关闭，即可以烤漆。如果喷漆过程中，温度下降，可按绿色按键，即接通升温控制。

⑧如果喷烤房出现故障和其他问题，或升温烤漆过程中出现不良现象，操作人员必须按红色圆键，使控制箱完全断电，防止不良状态继续进行。经检查处理后方可使用。

底漆的喷涂任务工单

底漆的喷涂		姓　名		班　级	
		日　期		成　绩	
任务目的	1. 掌握底漆喷涂方法； 2. 掌握底漆喷涂的注意事项。				
情景设置及要求	上述丰田卡罗拉轿车的底漆被清除干净后，接下来的工作则应该进行底漆的喷涂。应明确如下问题：底漆的喷涂应该怎样进行？作为喷涂的关键，底漆喷涂有哪些注意事项？				

一、任务准备

1. 为保证新涂层的附着力、耐腐蚀性，对受损部件的金属裸露部位要喷涂防腐底漆（见图3-3-37）。首先将打磨清洁后部件的裸露金属周围用胶带及遮蔽纸或报纸遮蔽，其他无须喷涂的部位最好用车身遮蔽罩遮蔽，有专用喷漆室的要将车开进喷漆室。

图 3-3-37　需喷涂防腐底漆的部位

2. 选用单组分环氧底漆，按供应商要求的比例调配、搅拌均匀后灌入专用底漆喷枪，将喷枪调整至小扇面、较低的气压（见图3-3-38）。

图 3-3-38　喷涂底漆

3. 喷涂时底漆要完全覆盖裸露金属。底漆喷完后如对效果满意就可以撕掉遮蔽纸进行下一步的操作。

4. 较大面积裸露金属最好喷涂双组分环氧底漆，因其附着力、抗腐蚀能力、封闭性及耐化学品性能大大优于单组分环氧底漆。双组分环氧底漆中漆料与固化剂的比例及稀释剂的使用按供应商的要求。表面镀锌的钢板必须喷底漆或选择专用的钣金原子灰。

续表

二、学生实训能力的检验
教师根据实际情况,在丰田卡罗拉实训车辆上进行底漆喷涂训练,同时向学生讲解底漆喷涂的注意事项。

三、能力测试
1. 底漆喷涂中涂料的选配应该遵循哪些原则?

2. 简述底漆喷涂中遮盖工序的胶带粘贴方法。

3. 简述底漆喷涂的操作要领。

4. 简述底漆喷涂的注意事项。

检查评估

序号	考核内容	配分	得分
1	工装是否符合标准	25	
2	遮盖能否达到标准	25	
3	喷枪使用方法是否标准	25	
4	底漆喷涂效果是否标准	25	

指导教师签字:_____

中间涂料的处理任务工单

中间涂料的处理		姓 名		班 级	
		日 期		成 绩	
任务目的	1. 掌握中间涂料的处理方法； 2. 掌握中间涂料喷涂的注意事项。				
情景设置及要求	上述丰田卡罗拉轿车的底漆喷涂后，要对中途漆进行处理，主要打腻子，填补钣金工作带来的不平的凹坑和各种类似针眼的孔隙，以便喷涂面漆时，能有良好的喷涂效果。				

一、任务准备

（一）原子灰刮涂打磨

1. 底漆干燥后用砂纸打出砂痕即可以刮涂腻子，现阶段汽车维修领域大多应用双组分的聚酯腻子（原子灰），腻子调配前先将主剂和固化剂各自调和均匀（见图3-3-39）。

(a)

(b)

图 3-3-39　腻子（原子灰）

2. 调配时先将主剂用铲刀或刮具拨到专用托板上，兑入主剂数量3%左右的固化剂，用刮具将主剂和固化剂挤压搅拌均匀。需要注意的是，调配腻子的原则是要用多少调多少，以免浪费，而且调配后的腻子尽量在短时间内用完（见图3-3-40）。

3. 刮涂第一层腻子实施时要选用硬刮具（如凹坑较大可用较宽的刮具），在托板上拨取腻子在凹坑处进行挤压式刮涂，起始方向横竖均可，刮具与底材夹角以50°～60°为宜，刮涂时以高处为准，再找平顺（见图3-3-41）。

图 3-3-40　调配腻子

图 3-3-41　刮涂腻子

续表

4. 低凹较大的部位不要一次刮涂太厚，先挤压一层，待其表面凝固未干透即可在上面复涂 1~2 层，但不要为了一次刮平使腻子层超过 5 mm。

5. 刮涂较大凹坑时第一层腻子只需初步平整，待完全干燥后即可进行打磨。手工打磨用 60~80 目砂纸。打磨沿手刨长度方向按车身流线方向往复打磨，打磨幅度适当长些，用力均匀，动作平稳并且以高处为基准。

6. 当高点露底后，低凹未打磨处换手刨也要进行简单打磨，局部刮涂要注意腻子层与旧涂层羽状边的连续性，也就是腻子口要磨平。打磨折口、型线、圆弧时要留心图形及线条的平直性。打磨完毕，用风枪将粉尘吹干净（见图 3-3-42）。

7. 当选用干磨机打磨时，用双动偏心圆磨机，并应将其平放在打磨面上，在腻子刮涂面上做连续的直线移动，打磨到与周围高点接近即可（见图 3-3-43）。

图 3-3-42　简单手工打磨

图 3-3-43　干磨机干磨

8. 刮涂第二层平面处时仍用硬刮具，圆弧较大时可使用塑料或橡胶刮具，此层腻子同样以平整为准则，不求光滑，但腻子厚度应比第一层稍薄。局部刮涂时面积要比第一层面积略大，满刮时要注意边缘的平直性，并且应顺着汽车流线型方向刮涂，尽量拉长以减少腻子接口（见图 3-3-44）。

9. 第二层腻子打磨用 120 目砂纸，打磨方向以车身流线型为主，其他方向为辅，打磨时要经常用手抚摸打磨面来检查打磨效果，大面积打磨时要注意各个方向的平整性，小面积打磨要注意打磨区与旧涂层的平整度，过渡要平顺、无茬口。第二层腻子打磨后作业部件应无明显低凹，型线、弧面与原车无异。打磨后将粉尘吹干净。

10. 第三层腻子的刮涂最好用塑料或橡胶刮具，平面处仍可使用硬刮具（见图 3-3-45）。刮涂时手的压力与刮具的弹力相结合，使涂面上遗漏的小凹陷、砂孔完全填充覆盖，腻子层既要平整又要光滑，刮涂方向与第二层相同。局部刮涂时腻子面积应大于第二层，腻子边缘过渡平顺。

图 3-3-44　刮涂第二层平面

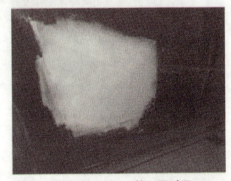

图 3-3-45　第三层腻子

续表

第三层腻子的打磨应选用 120~240 目的砂纸手工打磨，打磨方向以顺车身流线型水平方向为主，打磨动作幅度要大一些（见图 3-3-46）。对圆弧、折口等手刨不易磨到的地方可用手指夹住砂纸直接进行修整打磨。打磨后工作面无坑孔，腻子边缘无接茬口，型线恢复原样。

图 3-3-46　手工打磨第三层腻子

11. 第四层腻子刮涂使用硬刮具刮涂工作面上遗留的砂纸痕迹、微小砂孔。腻子层要薄而且光滑，局部刮涂面积要大一些，以使腻子层及旧涂层上的砂纸痕迹全部覆盖。

第四层腻子的打磨用 240 目砂纸及手刨进行，打磨后工作面腻子边缘平顺无接口、无砂痕、无砂孔、光滑平整。除部件全喷腻子层以外，旧涂层也要打磨到失去光泽，以增加涂层间附着力。打磨后用菜瓜布清洁，用风枪吹掉灰尘。腻子层外旧涂层用除油剂清洁。如果经过以上操作没有达到要求，可重复第二层或第三层以后的刮涂打磨操作。

（二）中涂喷漆

受损部件经过以上工序的操作后就可喷涂中涂底漆，把施工部件周围不喷漆处用遮蔽纸和胶带遮蔽，车身其他部位用遮蔽罩遮蔽。现在的维修市场大多选用硝基中涂底漆，底漆的黏度用硝基稀释剂调整，喷前要将其搅拌均匀。因硝基底漆固体成分含量低，需喷 2~3 遍，每遍间隔 10 min，喷底漆时要在喷漆室进行，喷后约 1 小时完全干透（见图 3-3-47）。

中涂漆干透后喷涂指示涂层。中涂漆打磨时用手刨上 240 或 320 目砂纸，先将刮涂腻子处底漆打磨平整，再打磨旧涂层底漆区域。机械打磨用偏心距 3~5 mm 中间软垫的打磨机配 400 目砂纸（双工序 500 目）。打磨后如指示层显示有针孔等缺陷，要刮涂填眼灰（快干腻子），然后继续打磨，直至完全光滑无缺陷（见图 3-3-48）。

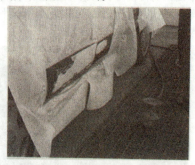 

图 3-3-47　室内喷中途漆　　　　　图 3-3-48　中涂漆打磨

二、学生实训能力的检验

教师根据实际情况，在丰田卡罗拉实训车辆上进行中间层处理训练，同时向学生讲解中途漆喷涂的要领。

续表

三、能力测试

1. 通过实际操作，演练刮涂腻子的要领及操作方法。

2. 通过实际操作，演练腻子打磨的操作要领及操作方法。

3. 通过实际操作，演练手工打磨修整的操作要领及操作方法。

4. 简述二道浆的喷涂与打磨过程。

检查评估

序号	考核内容	配分	得分
1	工装是否符合标准	25	
2	腻子打磨是否达到标准	25	
3	手工打磨修整的操作要领是否标准	25	
4	二道浆的喷涂是否符合标准	25	

指导教师签字：_____

面漆的喷涂任务工单

面漆的喷涂	姓　　名		班　　级	
	日　　期		成　　绩	
任务目的	1. 掌握面漆喷涂方法； 2. 掌握面漆喷涂的注意事项。			
情景设置及要求	上述丰田卡罗拉轿车的底漆与中间层均处理结束，最为关键的漆面施工是面漆的喷涂。面漆是关系到喷涂质量的决定性一步。面漆喷涂得好，可以使车辆看起来鲜艳、无色差、耐久性好等，而且还保证了车辆的漆面寿命。			

一、任务准备

　　中涂底漆打磨后，喷涂表面无缺陷且符合喷涂面漆的粗糙度就可以喷面漆。
　　1. 用封闭纸、遮蔽罩和胶带遮蔽不喷漆的部分。
　　2. 喷漆部位用除油剂脱脂、除蜡，用粘尘布除尘（见图3-3-49），使用粘尘布擦拭时动作要轻，不要将粘尘布上的黏剂粘到涂装面上。

图 3-3-49　喷涂面漆前的除尘、除蜡

　　3. 将车缓慢移动到烤漆房。
　　4. 用维修行业常用的双组分素色油漆，调配油漆的颜色、浓度和成分。
　　5. 将调配好、搅拌均匀的油漆过滤后灌入面漆喷枪里（见图3-3-50和图3-3-51），调整喷幅、气压后就可以进行喷漆。

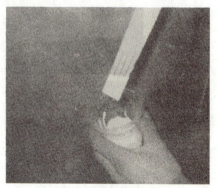

图 3-3-50　调配好油漆

图 3-3-51　把油漆倒入喷枪

续表

6. 喷漆时室温保持 20 ℃ 左右，打开引风，喷枪风帽与待喷部件垂直、距离 20 cm 左右。喷枪移动轨迹与所喷部件平行，移动速度要均匀，移动速度约为 30~50 cm/s。喷漆时先从左到右，再从右到左，喷幅重叠约 1/2，若有必要可先喷部件周围折口处（见图 3-3-52）。

图 3-3-52 喷枪的使用

7. 第一层油漆喷完后检查漆面情况，如有缩孔等缺陷，要想办法补救或返工；若无不良情况，第一层油漆稍干后再喷第二层。一般情况下，当油漆不粘手时就可以喷第二遍。第二层油漆最好比第一层稍稀，喷枪移动速度稍慢，喷漆压力可提高 0.02 MPa。第二层喷涂完毕后小心撕掉遮蔽纸（见图 3-3-53），如油漆遮盖力较差可以喷第三层和第四层。

8. 双组分油漆可自然干燥，也可强制干燥，气温 20 ℃ 情况下 15 h、加温 60 ℃ 情况下 30 min 即可抛光投入使用（见图 3-3-54）。但油漆完全固化需 1 周左右时间。

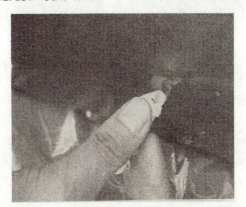

图 3-3-53 摘除遮蔽纸

图 3-3-54 面漆抛光

二、学生实训能力的检验

教师根据实际情况，在丰田卡罗拉实训车辆上进行面漆喷涂训练，同时向学生讲解面漆喷涂的操作要领。

续表

三、能力测试

1. 面漆喷涂前的准备工作包括哪些内容？

2. 面漆喷涂手法包含哪些？

3. 简述汽车用塑料件与金属件喷涂的差异。

4. 面漆涂装后的收尾工作包括哪些内容？

检查评估			
序号	考核内容	配分	得分
1	工装是否符合标准	25	
2	面漆喷涂前的处理是否达到喷涂标准	25	
3	面漆喷涂是否达到标准	25	
4	面漆涂装后的收尾工作是否达到标准	25	

指导教师签字：＿＿＿＿＿＿